MARIA CRISTINA PADOVANI

I MODELLI STRUTTURALI PER LA VALUTAZIONE DEL CORPORATE DEBT. CREDITGRADES: UN MODELLO STRUTTURALE DI RECENTE CREAZIONE.

© 2003 - **Maria Cristina Padovani**
I modelli strutturali per la valutazione del corporate debt.
Creditgrades: un modello strutturale di recente creazione.
Università Commerciale Luigi Bocconi – Milano
Facoltà di Economia

© 2018 - **Maria Cristina Padovani**
I modelli strutturali per la valutazione del corporate debt.
Creditgrades: un modello strutturale di recente creazione.
Lulu Press Inc. – Catania
1ª Edizione - Marzo 2018
ISBN 978-0-244-07489-0

Ristampa 0 1 2 3 4 5 6 7 8 9

Ringraziamenti a margine dell'edizione originale

Un grazie speciale alla mia famiglia per avermi aiutato a superare quei momenti di difficoltà, di questo lungo e faticoso cammino universitario. Senza il vostro appoggio morale ed anche economico non avrei potuto acquisire una così grand'esperienza, né frequentare un corso così importante.

Grazie al mio caro fratello Luigi per la sua assistenza materiale. Senza di lui non sarei arrivata alla fine di questo lavoro.

Grazie ai docenti che mi hanno sostenuto durante l'elaborazione della tesi, Dottoressa M. Debora Braga e Professor E. Carluccio.

Grazie alla mia amica Barbara per il suo immenso appoggio morale. Le sue parole sono sempre state di grande aiuto per superare quei momenti di sfiducia.

Grazie agli amici, in particolare a Samantha, che mi hanno aiutato nella realizzazione della tesi e con i quali ho condiviso quest'esperienza universitaria.

Milano, 2003

Maria Cristina Padovani

INTRODUZIONE

Introduzione

Le obbligazioni sono diventate ormai per molti investitori uno degli strumenti più familiari del proprio risparmio. Sono titoli di credito rappresentativi di un prestito concesso ad una società o ad uno Stato il cui funzionamento, del resto, si presenta abbastanza semplice. Chi le acquista presta del capitale a chi le ha emesse, non "correndo", almeno teoricamente, alcun rischio, giacché l'emittente è obbligato a restituire il capitale iniziale e gli interessi determinati secondo il tipo di obbligazione, a tasso fisso o a tasso variabile. Il rimborso del denaro, essendo legato alla situazione finanziaria dell'emittente, non è tuttavia assicurato in ogni caso. Non tutti sanno, forse, che i titoli obbligazionari sono strumenti finanziari soggetti ad una molteplicità di rischi che, inevitabilmente influenzano il risultato economico del proprio investimento. Le obbligazioni societarie, come quelle emesse da Paesi emergenti, generalmente, offrono rendimenti più elevati rispetto quelli dei titoli governativi (per definizione privi di rischio) perché appunto più rischiose. La probabilità, infatti, che uno Stato non paghi il suo debito è molto bassa o praticamente nulla, al contrario è molto più probabile che una società fallisca oppure che non sia più in grado di ripagare i suoi creditori. Ecco perché, chi vuole acquistare *corporate bonds* non dovrà guardare solamente al livello di rendimento offerto dal titolo, bensì valutare oltre a ciò qual è il grado di rischio insito nello strumento medesimo.

Sovente, la valutazione dei titoli obbligazionari assume, implicitamente, che gli obblighi del contratto saranno onorati dalle rispettive controparti, come prestabilito. Un'assunzione così grande, non può essere accettata tout court perché nell'eventualità di bancarotta, la società, irrimediabilmente, non compirà i pagamenti promessi. Certamente per il creditore, il fallimento dell'emittente causa una perdita economica non indifferente, la cui entità dipenderà, non soltanto, da *quanto* sarà recuperato dalle procedure di liquidazione ma anche dal *quando* la stessa somma sarà incassata. Il recupero, infatti, non sarà mai totale ma nell'ordine di una certa percentuale della propria esposizione (agenzie specializzate di rating forniscono in anticipo informazioni relative anche ai tassi di recupero).

L'esistenza di un rischio di default della società emittente e l'impotenza dell'investitore di fronte alle inadempienze della stessa hanno favorito lo sviluppo di strumenti di analisi ex-ante del merito creditizio, *il rating* appunto.

Il solo rating, vero e proprio marchio di qualità che giudica, in termini di probabilità d'insolvenza, la capacità e la volontà di chi emette obbligazioni di onorare gli impegni presi con i sottoscrittori, non basta per orientare l'investitore nelle sue scelte d'investimento.

Esso offre, infatti, una base oggettiva di valutazione per la scelta di investimento che si deve arricchire e completare con una serie di altre informazioni relative alle caratteristiche di reddito e di rischio degli investimenti, alle prospettive di profitto delle imprese, alle condizioni economiche del settore di appartenenza, all'andamento dei mercati ed altresì elementi soggettivi propri di ciascun operatore.

Inoltre si pensi a molte istituzioni finanziarie che detengono nei loro portafogli elevate quantità di titoli *default risk* di diversa complessità, per le quali è d'assoluta importanza, avere modelli di misurazione del rischio di credito in grado così di fornire stime affidabili sul grado di esposizione creditizia assunta.

La stessa misurazione del rischio di credito richiede la conoscenza dei possibili valori che il titolo può assumere nel corso della sua esistenza al verificarsi dei molteplici e svariati eventi finanziari. Per cui altresì importante è l'elaborazione di modelli di valutazione di titoli soggetti al rischio di default sulla base di flussi futuri non più certi ma solamente attesi, di modelli di pricing che tengano conto sia delle incertezze future che delle caratteristiche contrattuali che influenzano lo stesso prezzo.

Certamente, anche le "tendenze" del mercato del credito negli ultimi anni (come ad esempio: l'aumento dei casi di default, l'ampliamento dei credit spreads, l'espansione del mercato dei credit derivates, un crescente interesse degli investitori verso gli strumenti del debito societario, una crescente necessità delle funzioni di risk management di ottenere misure appropriate di riserve del capitale relative al rischio assunto), hanno contribuito allo sviluppo di modelli di pricing del rischio di credito più accurati.

Nell'obiettivo, quindi, di costruire modelli di pricing del *corporate debt* sempre più accurati ed affidabili, la letteratura finanziaria ha collezionato una varietà di modelli, raggruppati, comunemente, in due grandi famiglie: modelli Strutturali e modelli in Forma Ridotta.

Scopo di questo lavoro è quello di fornire una breve rassegna dei modelli Strutturali di valutazione del debito societario. Tali modelli pur presentando l'indubbio vantaggio di derivare la valutazione del debito societario dalle caratteristiche strutturali della società, soffrono di svariati limiti e difficoltà operative che comportano una loro scarsa applicazione.

Davvero numerosi sono gli sforzi compiuti nel tentativo di superare difetti così grandi, a discapito, molto spesso, della stessa semplicità. Per questo, i modelli pur se accettabili sul piano teorico, si caratterizzano per un'elevata astrazione dalle condizioni di operatività corrente che ne rappresenta il limite più evidente.

Lo scorso maggio è stato diffuso da *Risk Metric Group* un nuovo modello di valutazione dei titoli societari, basato sull'approccio strutturale. Si tratta di *Credit Grades*, una recente creazione ideata nell'obiettivo di mettere a disposizione del generico investitore uno strumento di valutazione giornaliero dei titoli rischiosi, che elabora per ogni società inserita nel suo database, sia stime della probabilità di insolvenza che stime del relativo livello di credit spread. Un modello operativo che reso disponibile attraverso un apposito canale elettronico a qualunque persona interessata, risponde ai requisiti della semplicità, della trasparenza e della disponibilità gratuita.

IL MERCATO OBBLIGAZIONARIO

1.1 L'EVOLUZIONE DEL MERCATO DEI TITOLI OBBLIGAZIONARI

Il mercato obbligazionario può essere definito come il complesso delle operazioni aventi ad oggetto titoli di debito di medio-lungo termine. Insieme al mercato azionario ed al mercato monetario in senso stretto[1] costituisce il mercato mobiliare, ovvero "il segmento del mercato finanziario sul quale vengono scambiati valori mobiliari, considerandosi tali, i prodotti finanziari naturalmente destinati alla circolazione".

Divenuto oggi un rifugio per il proprio risparmio, dopo le crisi delle borse di quest'ultimi anni, il mercato dei titoli obbligazionari offre all'investitore un gran numero di opportunità ma anche una discreta dose di insidie. In concomitanza, infatti, con la crisi di Borsa, con il susseguirsi degli scandali che hanno coinvolto società statunitensi di indubbia fama e con la ripresa economica americana non ancora definita, si è assistito al ritorno di interesse del mercato obbligazionario dove i titoli sono considerati, in generale, un investimento più sicuro rispetto a quella azionario, nella misura in cui si caratterizzano per un rischio minore e per un rendimento più o meno garantito. Vero che, quando si parla di mercato obbligazionario, una parte significativa degli investimenti in Italia è ancora giocata dai classici Bot e in genere dai titoli di stato, che per anni hanno rappresentato lo strumento preferito dagli italiani per investire nel reddito fisso, ma se si vuole ottenere qualcosa in più bisogna salire

---

[1] In senso stretto, per mercato monetario si intende l'insieme delle transazioni aventi ad oggetto titoli di debito a breve termine. In un'accezione più ampia, vengono fatte rientrare tutte le transazioni creditizie a breve termine, anche se non incorporate in valori mobiliari.

nella scala del rischio. Il gradino successivo può essere quello delle obbligazioni societarie (fra queste, è il settore telefonico tra quelli a maggior rendimento e notevole grado di rischio, dove, tuttavia, crea qualche preoccupazione il forte indebitamento contratto dalle società che hanno portato a termine acquisizioni e che hanno conquistato le licenze Umts).

La crisi dei mercati ha influenzato, in ogni modo, anche i corporate bonds: nel 2002, infatti, le emissioni obbligazionarie hanno subito una battuta d'arresto. Se guardiamo a tutto il vecchio continente, i dati di Moody's parlano chiaro: a fine settembre 2002 le emissioni hanno subito una diminuzione di circa il 26,5% rispetto allo stesso periodo dello scorso anno. Un aspetto da chiarire è legato al rischio che l'investimento medesimo comporta. In quest'ambito si fa, particolarmente, riferimento al solo termine di rischio di default insito nelle obbligazioni societarie e connesso all'eventualità che l'emittente non onori il proprio debito. In presenza dunque di società che hanno emesso obbligazioni e che poi non hanno mantenuto fede all'impegno preso con gli investitori, il rischio di investimento in società, riguarda non solamente i possessori di titoli azionari ma anche quelli di titoli obbligazionari. In più, secondo gli studi condotti dalle principali agenzie di rating, sta salendo il numero delle società che aumentano il loro grado di rischio di default, che offrono sempre meno garanzie di liquidabilità e di restituzione del debito: per Moody's, il deterioramento della qualità creditizia nel settore non-finanziario in Europa è continuato nel 2002, pur evidenziando un modesto rallentamento nella seconda metà dell'anno.

Diversamente, può capitare che siano emesse obbligazioni senza rating, che offrono in compenso buoni rendimenti.

In Italia secondo la ricerca di Abaxbank[2], nel 2002 quasi il 60%

---

[2] Abaxbank, banca di investimento del gruppo Credem nata nel 2000.

delle obbligazioni è stato emesso senza rating.

Sicuramente la scelta di non farsi attribuire un giudizio di rating rischia ora di trasformarsi in una sorta di boomerang poiché, i risparmiatori, scottati dalle recenti delusioni determinate dagli sconfortanti risultati dei mercati finanziari, presteranno sempre più attenzione alla *qualità* dei titoli su cui investire. Questa tendenza, già percepita dalle imprese, sta stimolando sempre più la domanda di rating, che ha iniziato ad espandersi rapidamente e a differenziarsi, includendo nuovi settori rispetto a quelli tradizionali.

All'indomani della recessione economica dell'11 settembre, degli scandali finanziari e dei svariati fallimenti societari, il mercato delle obbligazioni societarie attraversa dunque un periodo negativo; si allunga infatti la lista dei corporate bonds falliti e dei bonds declassati nel 2002. Nonostante questo scenario negativo, le prospettive per il futuro lasciano qualche speranza: gli analisti stimano per l'anno 2003 un incremento di emissioni di corporate bonds. Si sta inoltre assistendo ad un importante cambiamento di rotta: gli analisti prevedono che le aziende europee per finanziarsi ricorreranno nei prossimi anni sempre di più al mercato obbligazionario a scapito dei prestiti concessi dalle banche, per una sua maggiore duttilità (nel senso che il prestito obbligazionario non richiede il collegamento ad un progetto di investimento specifico) oltre che per l'assenza di garanzie reali, ancora richieste dalle banche per i prestiti a medio-lungo termine (tuttavia la percezione di un crescente rischio di default delle imprese ha sempre più favorito l'uso di covenants[3]).

Se dunque il 2002 è stato un anno negativo a causa degli effetti dell'11 settembre, dell'esplosione degli scandali finanziari e giudiziari e

---

[3] Clausole standard nelle emissioni societarie che penalizzano l'emittente se si verificano determinati eventi a danno dei sottoscrittori. La trattazione più ampia di tali clausole è inserita nel capitolo 3 ove si analizza il modello di Cox e Black.

dei fallimenti societari a catena che hanno raffreddato scambi ed emissioni di titoli obbligazionari, il 2003 sembra essere iniziato in modo del tutto diverso. Per quanto riguarda il rating, se il 2002, secondo Moody's è stato un anno all'insegna del declassamento, anche, per il 2003 la qualità del credito in Europa non sembra destinata a migliorare.

1.2 I RISCHI DELL'INVESTIMENTO IN OBBLIGAZIONI

Si è gia detto che il mercato obbligazionario ha per oggetto la negoziazione di valori mobiliari ovvero di titoli di debito autonomi, le obbligazioni appunto, che rappresentano un prestito contratto da una persona giuridica: Stato o società (le prime vengono chiamate titoli di Stato, nel secondo caso si parla invece di obbligazioni aziendali o corporate bonds).

In verità, non esiste ancora una definizione univoca del termine *corporate bond*, ma possiamo comunque vedere questo strumento come un generico titolo di debito che riconosce l'obbligo in capo alla società emittente di ripagare il capitale e/o gli interessi, periodicamente, durante la vita del titolo, oppure in unica soluzione a scadenza dello stesso.

Attraverso l'acquisto di un'obbligazione, un risparmiatore eroga quindi un semplice finanziamento all'ente emittente, non acquisendo doveri e poteri di ingerenza nella gestione di tale soggetto prenditore. In questo consiste una delle maggiori differenze tra i titoli obbligazionari e i titoli azionari che invece danno lo status di socio acquirente, con tutti gli annessi oneri e onori di carattere amministrativo. A fronte di questa mancanza di facoltà gestionali, l'investitore ottiene la promessa di una remunerazione di entità predefinita e non dipendente dal livello di redditività del prenditore.

In tal caso parleremo della categoria di obbligazioni più diffusa, rappresentata appunto dai titoli a reddito fisso. Infatti, la fattispecie più semplice di prestito obbligazionario prevede l'erogazione di un dato importo da parte degli investitori, all'inizio dell'operazione, in cambio dell'impegno da parte del prenditore a versare periodicamente un certo ammontare percentuale fisso a titolo di interesse e ad restituire l'intero finanziamento ad una data predefinita.

Tuttavia questa struttura contrattuale di base è stata poi oggetto di innumerevoli varianti nel corso degli anni. Le varianti e le innovazioni hanno riguardato tutti gli aspetti salienti dell'operazione e si è venuta così generando una "giungla", popolata di specie di titoli sempre più esotiche e sempre più difficili da comprendere e valutare. La fantasia degli ingegneri finanziari ha veramente dato piena prova di sé in questo campo, creando man mano una gamma immensa di prodotti finanziari atti a soddisfare tutti i gusti e tutte le esigenze, sia degli investitori sia dei prenditori di fondi. Ad ogni modo, in questo paragrafo si vuole semplicemente dare una visione d'insieme delle principali caratteristiche e tipologie di rischio dei soli titoli *fixed-income*. In linea di massima potremmo affermare che i principali elementi che identificano i titoli a reddito fisso sono la "certezza" e l'ammontare dei flussi di cassa previsti dal piano di rimborso. In verità, si tratta di una affermazione non valida una tantum, dal momento che, tale forma di certezza può venir meno nelle obbligazioni societarie per effetto del rischio di default dell'emittente. Sicuramente, le obbligazioni, diversamente dalle azioni, hanno una vita limitata, in quanto fin dall'emissione è nota la data di rimborso entro la quale il capitale verrà completamente restituito.

Se dunque le obbligazioni sono titoli di credito che riflettono una mera scelta di investimento, quale sarà il guadagno associato a tale operazione per l'investitore?

È risaputo, infatti, che il rendimento complessivo conseguibile da un titolo a tasso fisso, dal giorno di acquisto al giorno di vendita, può essere definito da due componenti:

- una prima, nel quale identifichiamo le parti certe di reddito ovvero lo scarto di emissione definito dalla differenza positiva tra valore nominale e prezzo di emissione ed i flussi di interessi, corrisposti periodicamente con lo stacco delle cedole, per tutto il periodo di detenzione;

- una seconda, che racchiude le componenti incerte di reddito, rappresentata dalla perdita/guadagno in conto capitale a seguito la decisione di smobilizzo del titolo prima della scadenza e dai risultati derivanti dal reinvestimento del flussi di interesse.

Vero che, dopo le vicende del mercato azionario di questi ultimi anni, l'investimento in titoli *fixed income* è ritornato in auge grazie alle proprie caratteristiche intrinseche: un minore rischio associato ad un rendimento più o meno garantito ma è altrettanto vero che queste forme di investimento non possono essere viste come operazioni completamente prive di rischio.

Fattori interni ed esterni al soggetto emittente e condizioni d'ambiente possono determinare variazioni nel tempo e nello spazio dell'entità di tale rendimento. Accade che, chi investe in titoli obbligazionari incorre in una pluralità di rischi, distinti a seconda del tipo di fattore che di volta in volta entra in gioco.

Si elencano di seguito le diverse tipologie di rischio che possono colpire un investimento in titoli a tasso fisso:

- ✓ Rischio di mercato
- ✓ Rischio di reinvestimento
- ✓ Rischio di liquidità
- ✓ Rischio di inflazione
- ✓ Rischio di credito
- ✓ Rischio di cambio

✓ Rischio Paese
✓ Rischio legale
✓ Rischio di movimenti della *yield curve*
✓ Rischio di eventi inattesi
✓ Rischio di settore

Rischio di mercato: si intende la possibilità che variazioni inattese del fattore di mercato tasso di interesse, determinano fluttuazioni a ribasso o a rialzo del prezzo del bond. È noto che la quotazione del titolo si muove in funzione inversa della dinamica dei tassi di interesse, sicché la contrazione di questi si traduce in un apprezzamento del bond e viceversa. Il rischio prezzo, è sicuramente un rischio tipico e forse, il più importante, per chi acquista un bond. Tuttavia il rischio di questa specie riguarda soltanto l'investitore che intende smobilizzare il titolo prima della sua scadenza naturale. In tal caso, infatti il valore di realizzo e quindi, il risultato economico, dipenderà dal livello dei tassi in vigore sul mercato alla data di vendita. Diversamente, l'investitore che intende tenere il titolo sino alla scadenza non sarà soggetto a tale rischio, dal momento che a scadenza, indipendentemente dal livello corrente dei tassi, riceverà un flusso in entrata pari al valore di rimborso pattuito. In questo caso l'investitore risulta praticamente immunizzato dal rischio prezzo.

Chi investe in titolo con cedola, affronta, anche un altro tipo di rischio, il *rischio di reinvestimento* dei coupons staccati. Nella pratica si ritiene che i flussi cedolari incassati periodicamente vengano reinvestiti nello stesso titolo che li ha generati[4], tale per cui il rendimento degli interessi così reinvestiti, dipenderà dai tassi di interessi correnti. Se i tassi tendono a diminuire è evidente che i frutti

---

[4] Del resto coincide con una delle due ipotesi implicite nel calcolo del TRES, e cioè che i flussi vengano reinvestiti sempre al medesimo tasso.

sono riallocati in un mercato che riconosce un rendimento anch'esso calante e, dunque, il montante finale che l'investitore finale realizza è inferiore a quello previsto in origine. Diversamente dal rischio di prezzo, il rischio di reinvestimento riguarda tutti i titoli che presentano, nel proprio profilo finanziario, flussi cedolari in entrata (la sola obbligazione a cedola zero, ZC, è esente dal rischio di reinvestimento). Sarà, inoltre, più elevato in titoli con vita residua più lunga e con cedole più alte; maggiore sarà infatti, in tal caso il grado di esposizione alla variazione dei tassi.

Infine, si osserva come le due tipologie di rischio si compensino a vicenda; a fronte di un aumento dei tassi, si registra, da un lato, una diminuzione del corso del titolo, dall'altro, invece, un incremento dei frutti derivanti dal reinvestimento dei flussi a tassi maggiori.

Rischio di liquidità: riguarda la possibilità di smobilizzare un'obbligazione sacrificandone in parte il prezzo. Un titolo, seppur negoziabile può trovare difficoltà ad essere venduto rapidamente a un prezzo corrente se lo "spessore" del mercato è ridotto. Per definizione, un mercato o un titolo sono liquidi se è possibile negoziare una quantità normale con rapidità e a prezzi non diversi da quelli correnti prima dell'esecuzione della transazione; perciò in presenza di un mercato/titolo liquido, lo scambio non influenza la quotazione e il prezzo di cessione è il migliore possibile al momento. Nei mercati *quote driver* caratterizzati dalla presenza del *market maker*, il grado di liquidità è espresso dallo scarto tra il prezzo denaro e lettera, per cui più lo spread è basso, più il titolo è da ritenersi liquido e viceversa. Se, per contro, lo spread è elevato, il costo di illiquidità si manifesta in un costo di acquisto significativamente maggiore di quello di vendita, con ciò che ne consegue per chi intende negoziare il titolo.

Rischio di inflazione: è il rischio che il frutto complessivo derivante dall'investimento non sia sufficiente a coprire la perdita di valore reale che il capitale inizialmente investito ha subito nel periodo di tempo in cui è durato l'investimento, a causa dell'aumentato tasso di inflazione. Per tale ragione, uno degli obiettivi che si pone l'investitore che intende effettuare un investimento su un titolo a tasso fisso, è quello di assicurare, quantomeno, il mantenimento del valore reale del proprio capitale investito.

Solamente i titoli indicizzati all'inflazione risultano esenti da tale rischi, per il resto, tutti saranno soggetti alle variazioni del potere d'acquisto.

Rischio di credito: si tratta del rischio connesso all'eventualità che l'emittente del prestito non sia in grado di far fronte puntualmente agli impegni che si è assunto con l'emissione.

Che l'emittente sia in grado di onorare il proprio impegno è, più o meno, probabile e tale probabilità viene espressa dal *rating* assegnato da istituzioni specializzate, Moody's e Standard & Poor's, le due principali agenzie di rating le cui valutazioni sono riportate dalla principale stampa economica.

La funzione del rating verrà comunque chiarita nei paragrafi successivi.

Rischio di cambio: riguarda, ovviamente i soli titoli nominati in valuta diversa da quella del paese di origine del detentore. Se il titolo è, infatti, espresso in valuta estera, il titolare del bond è soggetto al rischio cambio giacché dovrà convertire quanto riceve per interesse e capitale in moneta nazionale e più in particolare, dovrà fare i conti con il rischio di svalutazione della valuta estera che si tradurrà in un importo minore in valuta nazionale.

Spesso, tuttavia, l'investimento in valuta estera è cercato per speculare sulla rivalutazione della valuta estera (svalutazione di quella nazionale) e, quindi, il risparmiatore, in tal caso cercherà il rischio e non desidererà affatto coprirsi.

Rischio Paese: è legato all'eventualità che l'emittente si trovi nell'impossibilità di far fronte ai pagamenti promessi per cause attinenti la situazione economica-politica del Paese di residenza.

Rischio legale o normativo: fa riferimento alla possibilità che politiche di governo o interventi di tipo legislativo, possano modificare la convenienza economica di alcune categorie di obbligazioni a favore di altre, tramite imposizioni fiscali più incisive, controlli e vincoli più stringenti.

Inevitabilmente tali decisioni influenzano le scelte di investimento degli investitori, orientandole nell'obiettivo di trarre, comunque i maggiori benefici.

Rischio di movimenti inattesi della yield curve: si riferisce ai possibili cambiamenti di forma della curva dei rendimenti tali da influenzare, simultaneamente, i tassi di scadenze diverse. Tipicamente questo tipo di rischio riguarda la gestione di un portafoglio di posizioni, piuttosto che le singole posizioni.

Rischi di eventi inattesi: è legato alla possibilità che eventi imprevisti, quali catastrofi, incidenti, takeover, pregiudicano la capacità finanziaria dell'emittente di onorare i propri debiti.

Sicuramente la misurazione dei rischi è un processo abbastanza complesso: l'individuazione del singolo fenomeno, potenzialmente, si traduce nella stima dell'entità del danno e della probabilità di manifestazione dello stesso evento dannoso. Va inoltre aggiunto che l'entità e l'importanza dei rischi sono diverse nelle differenti categorie di titoli obbligazionari. Non tutti i titoli sono perciò soggetti ai medesimi tipi di rischio nello stesso modo; ad esempio, i titoli espressi in valuta nazionale risultano immuni dal rischio cambio, come i titoli indicizzati risultano immuni dal rischio inflazione, e così via. Se lo scopo di questo lavoro è quello di esaminare le diverse procedure di valutazione delle obbligazioni societarie, sono soltanto due le tipologie di rischio che prenderemo in considerazione, forse perché le più importanti: rischio di mercato e rischio di credito.

1.3 I CORPORATE BONDS E L'IMPORTANZA DEL RATING

In teoria, rischio e rendimento sono le due variabili che influenzano maggiormente le scelte degli individui sugli investimenti da effettuare. Si può affermare che, per un investitore, il rischio connesso a un titolo *corporate bond* si esplica nell'eventualità di insolvenza o di mancato rispetto delle clausole contrattuali da parte dell'emittente. Per riuscire a scegliere in quale modo impiegare la propria ricchezza, il singolo ha perlomeno bisogno di conoscere il grado di rischio che si accolla, deve disporre, quindi di uno strumento per valutare la qualità dei titoli in cui investire.

In un mercato aperto, come quello obbligazionario, in cui l'incontro tra la domanda e l'offerta può avvenire in molti modi, la centralità dell'informazione nel determinare l'essenza stessa dei fatti economici è fondamentale. I titoli per poter essere scambiati, devono essere definiti; la valutazione del rischio, che è l'essenza delle decisioni di investimento, presuppone, quindi, la disponibilità di informazioni.

Nell'ambito dei mercati finanziari, l'esigenza di assicurare agli operatori un'informazione adeguata e il più possibile realistica ha portato all'adozione di una varietà di soluzioni: dai meccanismi per la formazione dei prezzi e la quotazione dei titoli, alle regole sulla trasparenza; *dalle società di rating e di certificazione*, agli organi di supervisione e controllo, alle attività di analisi e consulenza.

Tuttavia, l'informazione non è richiesta nello stesso genere e modo da tutti gli operatori. È evidente che vi è una grande differenza tra i dati fruibili dall'analista finanziario, dall'investitore istituzionale, dall'esperto di economia finanziaria e dall'impresa al suo interno, e quelli utilizzabili dall'investitore comune.

Il *rating*[5], che nasce dalla necessità di accompagnare il classamento

---

[5] La Banca d'Italia definisce il rating nel seguente modo: «esprime la

di un titolo con un'informazione sintetica, immediatamente leggibile e fornita da entità indipendenti, che svolgono analisi del merito di credito e di solvibilità, è oggi, un potente strumento informativo di larghissima e sempre crescente diffusione. Sicuramente, un fattore determinante per l'enorme diffusione raggiunta da tali "coefficienti di solvibilità" è la grande semplicità di interpretazione anche da parte di persone estranee al mondo della finanza. Infatti, l'accurata e pervasiva analisi condotta da un qualificato staff di analisti economico-finanziari autorevoli e indipendenti, produce alla fine un indicatore simbolico, al quale, è inequivocabilmente connesso un giudizio sulla capacità e volontà presunta del debitore di adempiere ai propri obblighi contrattuali: pagare regolarmente gli interessi e rimborsare il capitale alla scadenza. L'investitore, dunque, dispone di una valutazione chiara e professionale sulla rischiosità dell'investimento ed è così in grado di confrontare con più facilità le varie alternative di investimento, come di esprimere giudizi sui rapporti qualità/prezzo offerti dai diversi titoli. Si vuole precisare che il rating, comunque, non vuole mai essere un invito ad acquistare, vendere o detenere un certo valore mobiliare, perché assume soltanto la funzione di segnalatore del rischio di credito connesso a un investimento; non considera, infatti, variabili come i prezzi di mercato o le preferenze del singolo investitore che rivestono grande rilevanza nelle decisioni di acquisto/vendita. Il giudizio espresso non è dunque una valutazione assoluta sulla realtà complessiva dell'emittente, l'agenzia di rating non intende assegnare un voto alla società in sé, ma in definitiva, esamina quegli aspetti che

---

valutazione, da parte di un'agenzia privata specializzata, del merito di credito di un soggetto emittente obbligazioni sui mercati finanziari internazionali, ovvero della probabilità che questi faccia fronte puntualmente al servizio del debito. Il *rating* fornisce agli operatori un'informazione omogenea sul grado di rischio degli emittenti e riveste una grande importanza per gli investitori che non sono adeguatamente attrezzati per un'analisi autonoma del rischio di credito» (cfr. BANCA D'ITALIA, *Relazione annuale per il 1999*).

possono in qualche modo influenzare il servizio di un determinato titolo.

Il rating assume così una duplice vantaggiosa funzione: in primo luogo, l'analisi condotta dall'agenzia si basa su una massa di informazioni molto più ampia e dettagliata di quella di cui potrebbe disporre il singolo investitore. L'agenzia, infatti, durante l'assegnazione ha contatti diretti con il management e la realtà operativa in questione, venendo a conoscenza così di informazioni riservate, anche perché nulla di tutto ciò trasparirà nel giudizio finale. In secondo luogo, il costo per l'investitore di un'analisi effettuata in proprio sarebbe proibitivo; le agenzie di rating invece dispongono di un'organizzazione avviata e di risorse umane, tecnologiche e professionali, per cui sono in grado di ripartire i costi su un gran numero di analisi e di operare in condizioni di economicità. In più il rating svolge un ruolo molto importante laddove influenza grandemente il prezzo e il rendimento di un titolo, nonché l'immagine e il prestigio della società emittente.

Un primo macroscopico vantaggio che un emittente può ottenere da un buon rating consiste nella sensibile riduzione del costo della raccolta. Un'azienda con un buon rating, infatti, diffonde di sé una buona immagine, il rating stesso è indice di un buono stato di salute dell'azienda, di riflesso anche i suoi titoli saranno caratterizzati da un'elevata affidabilità e da un basso rischio di credito, per cui il premio per il rischio richiesto dagli investitori sarà più basso, rispetto al tasso che l'emittente avrebbe dovuto offrire emettendo lo stesso prestito obbligazionario, ma senza rating.

Se si pensa ad esempio al caso italiano, il rating, indubbiamente, può essere visto come un potente strumento per agevolare la quotazione dei titoli delle numerosissime piccole e medie imprese del mercato mobiliare italiano; si tratta di certo, di un ruolo non trascurabile e che, anzi, esige ancor più attenzione laddove, come nel nostro Paese, vi sono circostanze ambientali negative, quali l'ampiezza e l'efficienza dei mercati esistenti. Tali carenze strutturali del mercato italiano sono senz'altro riconducibili anche al fattore relativo all'informativa del mercato. Dal lato dell'investitore, l'informativa delle società quotate è spesso di difficile comprensione per il risparmiatore comune, che deve quindi obbligatoriamente affidarsi a gestori professionali. Risulta dunque evidente l'assenza non solo della conoscenza completa da parte degli operatori, ma anche della conoscenza uniformemente distribuita tra tutti gli attori del sistema. Pertanto, l'informazione disponibile agli operatori è incompleta e asimmetrica. Al fine di superare questa situazione, oltre all'azione delle autorità di vigilanza, degli imprenditori e degli intermediari, il ruolo di una agenzia di rating rappresenterebbe perciò una sorta di filtro qualificato tra le esigenze di finanziamento delle imprese e le decisioni di impiego del risparmio.

Tra l'altro, il costo del rating è per lo più nullo per il singolo, in quanto oggi, a differenza che in passato, sono le emittenti stesse che chiedono di avere una valutazione delle proprie emissioni, pagando all'agenzia un corrispettivo per ottenere un giudizio che diventa poi di pubblico dominio. A tal proposito si può aggiungere che, se per l'investitore, il rating è lo strumento più veloce e chiaro per ottenere informazioni sul grado di solvibilità della società; per l'emittente, invece, il rating rappresenta una sorta di passaporto che permette l'accesso a più mercati di capitale nel mondo e, di conseguenza, più stabilità, più flessibilità e più economicità nel reperire fonti di finanziamento. Perché tutti questi vantaggi non vengano annullati, è necessario che la società superi il problema della riservatezza interne. L'emittente deve essere disposta a rivelare ogni segreto all'agenzia e assoggettarsi da quel momento al *monitoring*, poiché le principali agenzie di rating sono sempre pronte a ricercare e recepire quei segnali nuovi che comportino mutamenti nel rating.

Le principali agenzie di rating indipendenti e riconosciute a livello internazionale sono Moody's, Standard & Poor's e Fitch IBCA. Dopo avere effettuato la valutazione di tutte le informazioni necessarie, assegnano un punteggio sintetico, utilizzando ciascuna caratteri e simboli alfanumerici propri, che può riguardare singole tipologie di debito, ad esempio a breve o a lungo termine. Le agenzie di rating elaborarono il proprio giudizio di solvibilità sulla base dei risultati ottenuti dalle informazioni raccolte, che possono riguardare: informazioni generali sull'azienda, il quadro macroeconomico, il settore di attività, i dati economici-finanziari, le risorse umane, le aree di rischio e così via.

Ovviamente ogni agenzia utilizza propri criteri e metodologie nella valutazione dell'affidabilità delle diversi emittenti. Relativamente alle società industriali, il primo passo consiste nella valutazione dell'ambiente e dello scenario politico-economico in cui l'impresa opera; quando poi il quadro generale di riferimento è completo, inizia l'analisi vera e propria dell'emissione, che comprende l'esame del rischio di impresa, del rischio finanziario e delle politiche strategiche adottate. Naturalmente anche la simbologia utilizzata dalle tre principali agenzie di rating internazionali per rappresentare l'affidabilità dell'emittente sarà differente. È prassi comune, comunque, indicare le obbligazioni appartenenti alle prime più alte categorie di rating come *investiment grade bonds*, per definire in tal modo, emittenti con un basso grado di rischio finanziario ed una bassa probabilità di inosservanza dei pagamenti futuri; per contro, le obbligazioni che ricadono nelle classi più in basso, sono invece definite *speculative grade bonds* o *junk bonds*, per indicare appunto titoli con un alto grado di rischio finanziario. I titoli classificati sotto la categoria speculative bonds, sono anche chiamati *high yield securities*. Attenzione perché tali obbligazioni, nonostante la terminologia, potrebbero non offrire sempre e comunque un alto rendimento. Si tratta di titoli ad alto rischio che potrebbero quindi non ripagare quanto promesso a causa delle reali difficoltà finanziare della società, in tal caso non si deve perciò sottovalutare l'elevato grado di rischio insito in tali titoli. Tre diverse tipologie di emittenti possono essere classificate come speculative, quali: gli *original angels*, aziende giovani in forte crescita ma ancora prive di una stabilità economica finanziaria; i *fallen angels*, sono aziende che nel passato godevano di buona salute e che invece, oggi, a causa di difficoltà finanziarie sono prossime al fallimento; *restructurings e leveraged buyout*, imprese che ampliano il grado di leverage al fine ultimo di massimizzare il valore per l'azionista, non curando però la caduta del rating.

MOODY'S S&P FITCH'S SOLVIBILITÀ			
Investiment Grade Bonds			
Aaa Aa1	AAA AA+	AAA AA+	*Obbligazioni di massima qualità, grado di rischio minimo*
Aa2 Aa3	AA AA-	AA AA	*Ottima qualità, margine di protezione più basso*
A1 A2 A3	A + A A -	A + A A	*Elevata*
Baa1 Baa2 Baa3	BBB+ BBB BBB-	BBB+ BBB BBB-	*Adeguata*
Speculative Grade Bonds			

Ba1 Ba2 Ba3	BB+ BB B+	BB+ BB B+	*Bassa, titoli speculativi*
B1 B2 B3	B+ B B-	B+ B B-	*Altamente speculativi*
Caa	CCC CCC CCC-	CCC	*Scarsa qualità, Alto rischio di default*
Ca	CC	C	*Elevato grado*
C	C	C	*Classificazione più bassa*
	CI		*Nessun pagamento degli interessi*
D	D	D	*Default*

Tabella 1: *Le diverse scale simboliche utilizzate dalle tre principali agenzie.*

Tutti i rating assegnati dalle agenzie sono inizialmente comunicati al mercato, attraverso le principali agenzie di stampa e attraverso vari canali telematici, e successivamente vengono, costantemente, controllati da specialisti di settore e rimangono invariati fino a quando non si verificano eventi interni o esterni alla società in questione, tali da modificare sostanzialmente il giudizio espresso. Il procedimento di revisione è più semplice e rapido rispetto alla prima assegnazione, grazie ai contatti continui che si intrattengono tra gli analisti e l'emittente: l'agenzia conosce già la società, il management, l'alta direzione e il contesto ambientale di riferimento, per cui pochi incontri sono sufficienti a chiarire i mutamenti intervenuti e a valutare la necessità o meno di modificare il rating iniziale.

In conclusione, se il rating si presenta come uno strumento utile tanto per gli investitori quanto per le società, occorre segnalare, tuttavia, il rischio di un eccessivo peso che talora viene assegnato dagli operatori al rating, tanto da diventare l'unico elemento di valutazione. Gli elementi soggettivi insiti in un giudizio necessariamente sintetico, nonostante la diffusione di giudizi intermedi, nonché l'esistenza, talora, di differenti giudizi espressi da diverse agenzie, mostrano che il rating deve essere considerato come uno degli elementi di valutazione insieme ai dati di mercato. La stessa validità del rating è strettamente connessa all'affidabilità, prestigio e credibilità della società che effettua l'analisi ed emette il giudizio. A tal fine è innanzitutto indispensabile che la società di rating detenga una posizione di indipendenza di giudizio e, soprattutto, che questa indipendenza sia chiaramente percepita e riconosciuta dal mercato. L'affidabilità del giudizio è altresì connessa alla completezza delle informazioni disponibili e alla qualità dei sistemi di analisi.

1.4 IL RATING COME MISURA DEL RISCHIO CREDITIZIO

Si è gia sottolineato sopra come il rating abbia significato e valore in quanto effettivamente in grado di segnalare la capacità degli emittenti di adempiere puntualmente ai propri obblighi. Tuttavia per la valutazione del rischio di credito tramite i modelli di rating è necessario trasformare tali informazioni in più precise misurazioni del rischio di default dell'entità di riferimento; questa esigenza viene soddisfatta dalle agenzie di rating stesse, che offrono statistiche relative alla probabilità di default per ogni classe di rating effettuate sulla base dei dati storici delle imprese appartenenti al proprio sistema di valutazione.

La correlazione tra le due variabili: probabilità di insolvenza e classe di rating è apprezzabile grazie ai dati pubblicati periodicamente dalle società stesse allo scopo di venire incontro ai bisogni informativi degli investitori più sofisticati.

Dallo studio delle serie storiche delle probabilità di default, emergono alcune considerazioni interessanti: • è evidente l'esistenza di una correlazione molto forte tra *credit rating* e probabilità di default; • le valutazioni di livello più basso tendono a essere più instabili ovvero più frequentemente soggette a revisioni (verso l'alto o verso il basso); • la variabilità dei ratings mostra un andamento asimmetrico, in particolare, l'abbassamento del giudizio formulato su un emittente (*downgrading*) tende ad essere seguito da successivi abbassamenti, mentre lo stesso non si verifica nel caso degli aumenti (*upgrading*); • infine, non sorprendentemente, la frequenza degli episodi di insolvenza e di *downgrading* risulta correlata ai cicli economici, aumentando nei periodi di recessione e diminuendo nei periodi di ripresa.

I modelli di pricing basati sul credit rating inferiscono la probabilità di default dal rating corrente: si ipotizza che, per ogni classe tale probabilità coincida con la percentuale di imprese fallite durante il periodo di osservazione dei dati.

Le ipotesi sottostanti questi modelli sono dunque molto forti: tutti i debitori appartenenti alla stessa classe di rating hanno la medesima probabilità di fallimento e la percentuale di imprese fallite nel passato indica la stima più sicura della probabilità di default. È necessario tuttavia considerare che ogni emissione e ogni debitore hanno delle caratteristiche specifiche, anche se sono inclusi in una stessa classe di rating; inoltre le probabilità effettive di default sono soggette ad andamenti fortemente ciclici, laddove quelle stimate in base all'esperienza storica non riescono a catturare le particolari congiunture economiche generali o settoriali. Di seguito si vuole riportare un esempio di correlazione storica tra i ratings di Moody's e le rispettive esperienze di default. Dapprima si vuole però riportare la definizione di default secondo Moody's. La definizione di Moody's è stata fissata allo scopo di valutare rigorosamente la performance dei suoi ratings in qualità di indicatori dell'evento default. Per tale ragione la definizione è molto rigida e comprende tre tipi di eventi di insolvenza:

● Il mancato o ritardato pagamento del capitale e/o del capitale;

● La bancarotta, l'amministrazione controllata e qualunque altra misura legale che ritardano il pagamento del capitale e/o degli interessi;

● Qualunque tentativo di riscatto del debito, quali ad esempio la sostituzione delle obbligazioni originali con nuove emissione nel tentativo di ridurre gli obblighi finanziari dell'impresa al fine ultimo di evitarne il default.

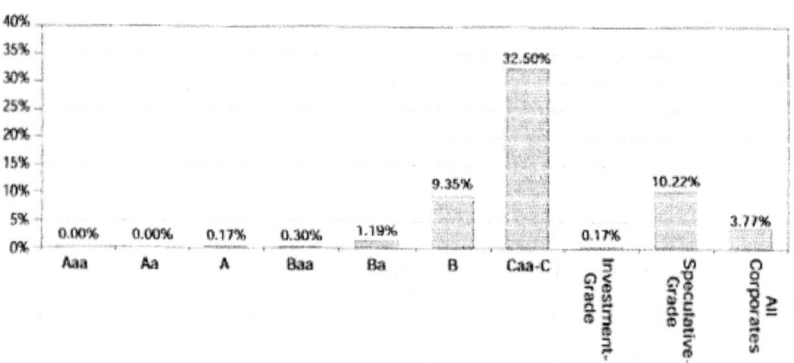

Tabella 2: *Tassi di default annuali relativi all'anno 2001, Moody's Special comment.*

Un'altra limitazione è legata alla diffusione del sistema di rating: mentre la maggior parte di imprese statunitensi si sottopongono alla procedura di rating, ciò non accade in altri Paesi, come ad esempio l'Italia, dove l'assenza del rating impedisce persino le stime basate sull'esperienza storica. Nonostante queste forte limitazione i modelli basati sul rating sono i più diffusi poiché permettono di utilizzare dati facilmente reperibili quali il rating corrente di un'impresa e le stime storiche delle probabilità di default della classe di rating cui appartiene.

Il rating assegnato ad un'impresa non è in ogni caso definitivo, ma viene rivisto periodicamente e può variare in seguito a mutamenti della solidità economica-finanziaria effettiva e prospettica dell'impresa, dando così luogo a miglioramenti o peggioramenti. Ciò significa che un soggetto che investe in obbligazioni corporate, oltre al rischio di default, subisce il rischio, più generale, che la qualità del credito acquisito peggiori prima che questo sia esigibile. È quindi necessario tener conto del cosiddetto *rischio di migrazione*, e cioè dell'eventualità che un emittente possa migrare da una classe di rating a un'altra, poiché ad ogni classe di rating è associata una specifica probabilità di default.

Una variazione del rating ha dunque un effetto importante sul prezzo delle obbligazioni emesse dalla società; ad esempio la migrazione verso un rating superiore aumenterà il valore dell'obbligazione e ne ridurrà il rendimento, poiché si considera che la società abbia meno probabilità di divenire insolvente.

L'analisi della *rating migration* risulta utile per eseguire stime della variabilità dei rendimenti di strumenti di credito. Diventa così importante stimare, oltre la probabilità di default, le probabilità di variazione del proprio stato di rating; tali stime sono anche fornite dalle principali agenzie di rating e si basano ancora sui dati storici relativi alle imprese da loro valutate. Piuttosto che presentare le probabilità di *credit migration* separatamente, si suole inserirle in una *matrice di transizione* che racchiude le probabilità che un soggetto migri dalla classe di rating della riga corrispondente alle classi di rating riportate nelle colonne, nell'arco di tempo considerato.

Di seguito si presenta un esempio di matrice di transizione annuale elaborata da Moody's per l'anno 2001.

	Aaa	Aa1	Aa2	Aa3	A1	A2	A3	Baa1	Baa2	Baa3	Ba1	Ba2	Ba3	B1	B2	B3	Caa-C	Default	WR
Aaa	89.91	0.00	0.92	0.00	0.00	0.00	0.00	0.00	0.00	0.00	0.00	0.00	0.00	0.00	0.00	0.00	0.00	0.00	9.17
Aa1	0.00	75.65	17.39	1.74	0.00	0.00	0.00	0.00	0.00	0.00	0.00	0.00	0.00	0.00	0.00	0.00	0.00	0.00	5.22
Aa2	1.10	6.59	74.18	7.69	1.10	6.04	0.55	0.00	0.00	0.00	0.00	0.00	0.55	0.00	0.00	0.00	0.00	0.00	2.20
Aa3	0.00	4.27	5.07	81.60	4.00	0.27	1.07	0.27	0.00	0.00	0.00	0.00	0.00	0.00	0.00	0.00	0.00	0.00	3.47
A1	0.00	0.00	0.89	6.55	73.81	8.33	5.36	1.49	0.00	0.00	0.00	0.00	0.00	0.00	0.00	0.00	0.00	0.00	3.57
A2	0.43	0.00	0.21	0.21	3.21	76.87	8.99	3.21	1.71	0.00	0.21	0.00	0.00	0.00	0.00	0.00	0.21	0.43	4.28
A3	0.24	0.00	0.00	0.24	1.21	5.07	77.05	6.76	4.11	1.69	0.24	0.00	0.48	0.00	0.24	0.24	0.24	0.00	2.17
Baa1	0.00	0.00	0.00	0.28	0.28	0.56	4.46	77.44	8.36	3.06	0.28	1.11	0.00	0.28	0.00	0.00	0.00	0.56	3.34
Baa2	0.54	0.27	0.00	0.00	1.09	0.54	1.91	3.54	73.84	9.81	2.18	0.54	0.27	0.54	0.00	0.27	0.27	0.27	4.09
Baa3	0.00	0.00	0.00	0.33	0.00	0.65	0.98	0.33	10.42	73.29	3.26	3.26	2.28	0.65	0.00	0.65	0.33	0.00	3.58
Ba1	0.00	0.00	0.00	0.00	1.00	0.00	2.00	0.50	1.50	11.00	66.50	2.00	4.50	1.50	2.50	0.50	0.00	0.50	6.00
Ba2	0.00	0.00	0.00	0.00	0.00	0.00	0.00	0.50	0.50	2.08	15.97	53.47	9.72	5.55	2.08	2.08	1.39	1.39	4.86
Ba3	0.00	0.00	0.00	0.00	0.00	0.00	0.00	0.00	0.57	1.14	2.29	8.57	64.57	7.43	4.57	1.14	2.29	1.71	5.71
B1	0.00	0.00	0.00	0.00	0.00	0.00	0.00	0.29	0.29	0.29	1.16	7.56	4.94	52.62	9.59	3.49	10.47	3.49	5.81
B2	0.00	0.00	0.00	0.00	0.00	0.00	0.27	0.81	0.54	0.27	0.27	0.00	1.36	4.61	56.91	4.34	14.09	10.57	5.96
B3	0.00	0.00	0.00	0.00	0.00	0.00	0.00	0.00	0.00	0.00	0.00	0.00	0.00	0.85	2.97	52.54	21.19	15.25	7.20
Caa-C	0.00	0.00	0.00	0.00	0.00	0.00	0.00	0.00	0.00	0.00	0.00	0.00	0.00	0.39	0.39	1.56	54.69	30.47	12.50

Tabella 3: *Matrice di transizione annuale, Moody's Special comment.*

Quando un vasto numero di ratings sono rivisti durante l'intervallo di tempo di riferimento, un indice di un queste revisioni di credit rating si presenta come un indicatore della variazione della qualità creditizia a livello aggregato molto utile.

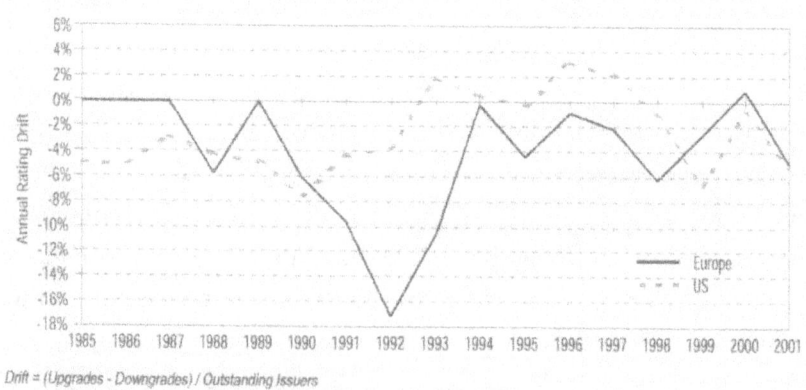

Drift = (Upgrades - Downgrades) / Outstanding Issuers

Tabella 4: *Il rating drift* annuale, Europa vs. USA (1985-2001).*

La tabella mostra come la qualità del credito aggregata sia cambiata nel periodo 1985-2001, utilizzando appunto il *rating drift* annuale che è una misura della percentuale netta dei rating upgrades. Un numero positivo indica che si sono verificati, relativamente, più *rating upgrades* che *rating downgrades*; viceversa nel caso di numero negativo. Dalla fine degli anni '80 agli inizi degli anni '90, il maggior numero di rating downgrades ha definito, sostanzialmente, un *rating drift* negativo, che è divenuto ancora più pronunciato negli anni '90 e nel 2001. Il lungo drift negativo e il seguente rimbalzo dei ratings europei nel periodo 1989-1993, sono chiaramente il risultato di campioni di piccole dimensioni. Ad ogni modo, possiamo, dalla tabella osservare l'esistenza di una correlazione positiva tra i drift rating europeo ed americano nell'ultimo decennio.

La correlazione tra i tassi di default e i cambiamenti della classe di rating è evidente, guardando anche alla tabella successiva che mette in relazione il coefficiente annuale tra il numero dei upgrading e il numero dei downgrading e i tassi di default annuali, per tutte le categorie di emittenti. Un coefficiente upgrade-downgrade pari ad uno indica che il numero dei upgrading è stato esattamente compensato dal numero dei dowgrading; un valore di tale coefficiente inferiore all'unità indica invece che un numero di downgrading superiore al numero dei upgrading e viceversa nel caso di valori minori di uno. Si osserva inoltre una relazione tra tasso di default e coefficiente upgrade-downgrade di tipo inversa: diminuzioni di valore del coefficiente precedono gli incrementi nel tasso di default annuale. Nel periodo seguente l'ultima ondata di fallimenti (1992-1997), la qualità creditizia degli emittenti è migliorata vertiginosamente, tale per cui i miglioramenti sono stati di molto superiori dei declassamenti favorendo il raggiungimenti di alti valori del coefficiente che ha raggiunto il valore punta di 1.8 nel 1996.

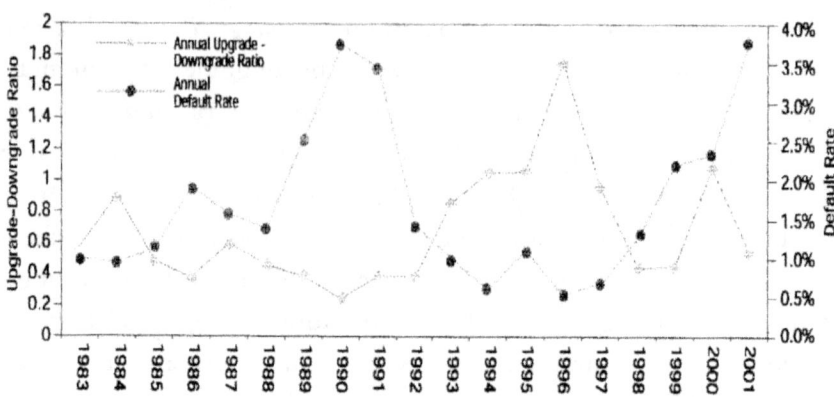

Tabella 5: *Upgrade-downgrade Ratio and all Corporate Default Rate.*

Si vuole, infine, evidenziare il ruolo del rating nell'anticipare l'evento di default. Il grafico successivo mostra come, quasi cinque anni prima dell'evento default, il rating mediano delle aziende che sarebbero fallite, sia già speculative grade. Inoltre la stessa inclinazione negativa delle curva evidenzia poi che gli emittenti stanno subendo una forte pressione a ribasso dei ratings, segno del contestuale peggioramento delle condizioni economiche-finanziarie dell'impresa. Il rating medio cade invece in modo più graduale ma costante. È altrettanto vero che le cadute improvvise della classe di rating prima del default sono piuttosto rare ma sempre possibili.

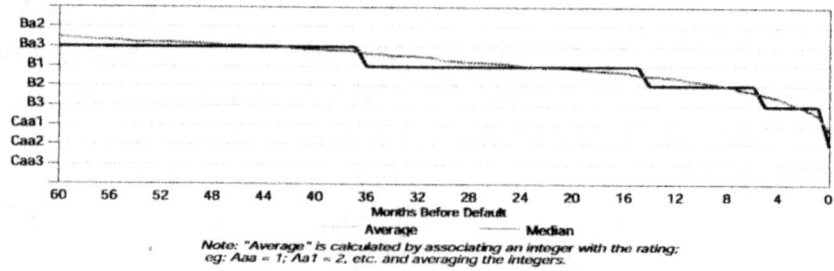

Tabella 6: *Media e mediana del Rating prima del default, 1983-2001.*

Un ultimo grafico mette invece in relazione il tasso di default e il rating un anno prima del default; evidentemente è una relazione inversa se l'uno aumenta, l'altro diminuisce, come un chiaro raggruppamento dei defaults intorno gli emittenti con un basso livello di rating, speculative grade.

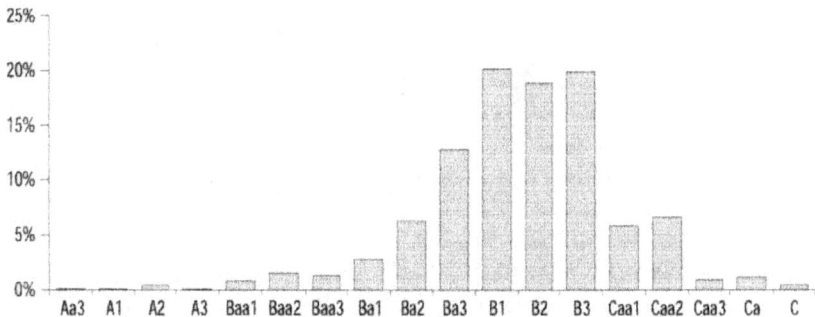

Tabella 7: *Distribuzione dei ratings un anno prima del default, 1983-2001.*

Muovendosi verso livelli più bassi lungo lo spettro delle categorie di rating, la probabilità d'inadempimento dovrebbe diventare e diventa progressivamente maggiore, come dimostrato dagli studi svolti da Moody's sugli eventi di inadempimento relativi a titoli obbligazionari societari e sulla loro incidenza.

Il grafico di seguito illustra chiaramente l'aumento di probabilità d'inadempimento col tempo, al diminuire del livello del rating dell'emittente.

Dal grafico risulta altrettanto chiaro che la differenza tra una società emittente *investiment grade* ed un'emittente di titoli ad alto rendimento e, a livello *sub-investiment grade,* tra emittenti con rating Ba ed emittenti con rating B, è veramente notevole in termini di rischio di inadempimento.

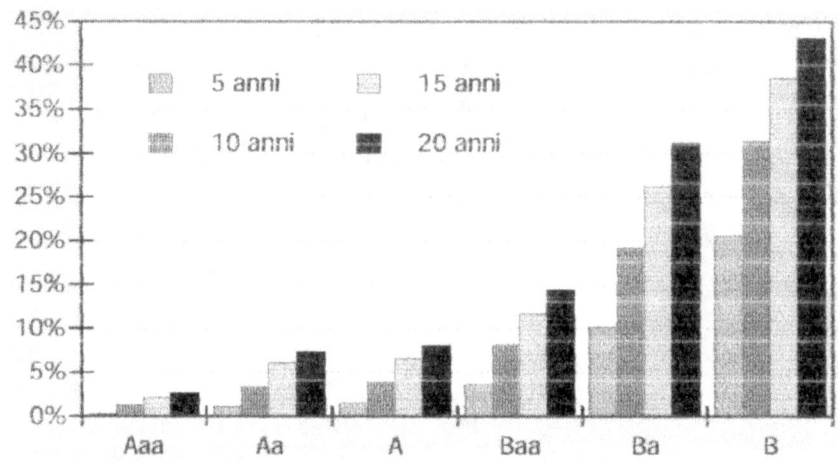

Tabella 8: *Indici d'inadempimento a 5, 10, 15, 20 anni, 1920-1997.*

Moody's ha così disegnato un processo di rating nell'obiettivo di realizzare una misura relativa di rischio di credito in termini anche di valutazione della perdita attesa. La valutazione di tale perdita attesa incorpora sia la stima della probabilità di default che la stima della gravità della perdita in caso di default (LGD), secondo la formula:

Perdita attesa = (Probabilità di default) x (1- tasso di recupero)

Se la probabilità di default è, approssimativamente, la stessa per tutte le diverse tipologie di obbligazioni emesse dalla medesima società, le obbligazioni medesime si differenziano, però, per una diversa entità della perdita attesa in caso di default (1-RR). Per questa ragione nel determinare l'ammontare che si potrebbe recuperare in caso di default (RR = tasso di recupero) si tiene conto sia della tipologia dello strumento quanto del grado di subordinazione dello stesso; sono, infatti, le due più importanti determinanti del tasso di recupero post default. Ad ogni modo le determinanti dei RR sono svariate ed includono anche: le caratteristiche strutturali dell'azienda, condizioni dell'ambiente macro-economico, struttura del capitale.

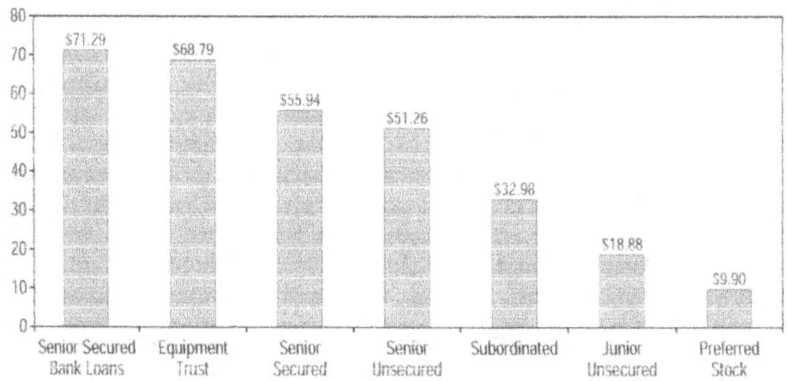

Tabella 9: *Tassi di recupero distinti per topologia dello strumento e per grado di seniority.*

La tabella di seguito che mostra i tassi di perdita attesa per le obbligazioni di società europee distinte per classi di rating, a confronto con le rispettive società americane, evidenzia una relazione inversa tra i tassi di perdita attesa e le classi di rating: per livelli di rating più bassi corrispondono alti tassi di perdita attesa. Come del resto esiste una relazione inversa tra i tassi di default e tassi di recupero, le due componenti del tasso di perdita attesa.

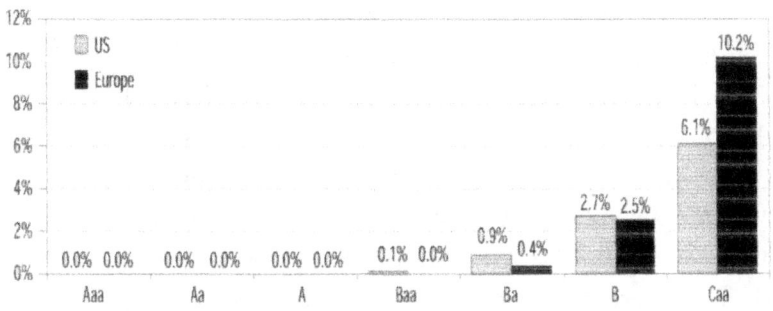

Tabella 10: *Tassi di perdita attesa medi distinti per classi di rating (1985-2001).*

1.5 I CORPORATE CREDIT SPREADS

In letteratura, si suole scomporre il rischio di credito nelle tre componenti: rischio di default, rischio di migrazione e rischio di spread. La valutazione del rischio di credito sarà infatti affrontata, usando metodologie e criteri differenti a seconda del tipo di definizione ripresa dal modello: versione più estesa di rischio creditizio che include una più ampia gamma di eventi oppure più ristretta che fa riferimento al solo evento di default. Dopo aver studiato la prima e la seconda componente: il rischio di insolvenza e il rischio di declassamenti verso classi di rating peggiori, si vuole, adesso passare alla valutazione della terza, il <u>rischio di spread</u>.

La differenza tra il rendimento "privo di rischio" (solitamente si considera tale quello offerto dal titolo emesso da un ente sovrano) e quello rischioso offerto dal titolo corporate è il cosiddetto *credit spread*.

Il credit spread è quindi visto come il rendimento aggiuntivo, rispetto ad un tasso di interesse risk-free, richiesto dagli investitori per detenere un titolo soggetto ad una certo grado di rischio creditizio. La valutazione di tale componente deve comunque essere compiuta confrontando due strumenti finanziari che generano rendimento, con caratteristiche simili in quanto a durata (o meglio, duration) e a flussi di cassa; l'unica differenza è, appunto, l'emittente. Il livello di credit spread da perciò una prima informazione sul rischio di credito che incombe sul titolo di riferimento, ed è così un indicatore importante, non solo del rischio effettivamente incombente, ma anche specialmente, della percezione che in un dato momento ha il mercato circa il valore del *credit risk*. Da un punto di vista teorico il livello dello spread risulta essere strettamente legato al rischio di default, dal momento che un elevato livello di spread riflette una percezione di alto rischio creditizio da parte dell'investitore; il credit spread dovrebbe perciò crescere all'aumentare del rischio di default e all'aumentare della scadenza. L'evidenza empirica, tuttavia, dimostra che invece lo spread cresce con la scadenza soltanto per le obbligazioni di alta qualità (di debitori più solvibili) mentre decresce per i titoli obbligazionari emessi da debitori di minore qualità: ciò è dovuto al fatto che il rischio marginale di default per imprese di basso rating, sebbene più alto in termini assoluti, risulta decrescente maturando la scadenza, laddove per imprese di elevato rating esso risulta crescente. Questo comportamento del rischio marginale di default, apparentemente anomalo, è dovuto al processo di *mean reversion* del credit rating: infatti imprese con basso rating tendono a migliorare la propria posizione, imprese con medio rating tendono a mantenerla e imprese di alto rating tendono, in media, a declinare.

Sebbene dalla definizione, emerge che, almeno teoricamente, il credit spread sia semplice da determinare, esso è in realtà piuttosto difficile da quantificare. Si dovrebbe essere in grado di calcolare, per ogni classe di rating una curva a termine del credit spreads. In verità, sul piano teorico, per tale calcolo sono state individuati due possibili modi: *a)* si calcola il tasso foward sia per la curva dei tassi risk free che per quella dei tassi rischiosi e lo spread si ottiene semplicemente dalla differenze tra le due curve; *b)* dalle due curve zero coupon si ottiene, come differenza, la curva spot del credit spread e poi, con un apposito algoritmo si determina la curva foward. Se da un punto di vista teorico non sembra esserci alcun problema, le difficoltà di costruzione di una curva a termine del credit spread nascono quando si constata l'assenza, in molti mercati, di obbligazioni *corporate* quotate o l'assenza di una completa struttura a termine dei tassi di rendimento rischiosi. Si pensi, ad esempio, al fatto che i volumi di emissione delle obbligazioni societarie non sono sempre così significativi da rendere possibile la rilevazione di un prezzo certo; altre volte le obbligazioni non sono quotate in mercati efficienti o, addirittura, non sono nemmeno quotate e gli scambi dell'over-the-counter non consentono di ottenere dati attendibili. Se dunque il rischio di spread è il rischio di perdite finanziarie dovute a variazioni impreviste, di entrambi i segni, del credit spread nel *marking to market*, tale fonte di rischio può essere vista come una forma di rischio di mercato, rivestendo perciò un ruolo fondamentale nella valutazione di un titolo corporate.

Tuttavia, forse per la sua notevole difficoltà di misurazione, questo rischio, viene spesso trascurato del tutto o in parte semplificato tale da determinare stime distorte del prezzo dell'obbligazione in riferimento. Addirittura in molti modelli, il rischio di spread è stato privato di una sua dignità laddove è stato legato al rischio di migrazione; cioè solamente dopo una variazione del rating dell'emittente, si registrava anche una variazione dello spread.

In verità, sulla base degli studi effettuati è stato osservato come gli spreads possono cambiare indipendentemente dai fenomeni di upgrading o downgrading ma perché determinati da fenomeni di varia natura, e cioè che il rischio di spread è assolutamente indipendente da altri tipi di rischio. L'analisi delle componenti del rischio di credito nei corporate bonds è in un certo qual modo riflessa nel termine di credit spread. Nel mercato dei corporate bonds, i credit spreads sono generalmente misurati e quotati come la differenza del rendimento tra un titolo rischioso corporate ed un titolo di stato privo di rischio; questo differenziale di rendimento è inoltre, molto spesso, attribuito solamente al rischio di default, anche se nelle società con elevato rating ove contenuta è la probabilità di default, il credit spread non sembra essere spiegato soltanto dal rischio di default. Se dunque il premio per il maggior rischio non può essere esclusivamente attribuito al rischio di default, si cerca perciò di individuare quali altri fattori siano in grado di spiegare tale differenziale di rendimento.

È noto come il mercato delle obbligazioni societarie sia sempre stato meno liquido sia di quello dei titoli di stato che di quello azionario; la mancanza di liquidità di tale mercato si rileva, infatti, sia dal bisogno di disporre di formule di pricing, quanto dalla dimensione e volatilità degli spreads bid-ask, non così frequentemente osservabili. Ed inoltre i corporate bonds, diversamente dai titoli di stato, sono sottoposti ad un trattamento fiscale diverso. Se dunque, la differenza residuale (*residual spread)* tra il credit spread osservato sul mercato e il credit spread misurato dai modelli di pricing non può essere spiegato soltanto dal rischio di default, dovrà perciò essere attribuito ad altri fattori quali appunto: tasse, liquidità e rischi di mercato.

Gli studi e le ricerche empiriche condotte nel corso del tempo, hanno infatti rivelato come l'ampiezza del credit spread possa essere spiegata da quattro componenti:

✓ la *expected default loss*: cioè il compenso per la perdita attesa in caso di default dell'emittente: gli investitoti richiedono una remunerazione più alta per compensare il rischio di default assunto;

✓ un *tax premiun:* ovvero un compenso per il diverso trattamento fiscale. Nel mercato americano dei titoli corporate gli interessi corrisposti sono infatti sottoposti a tassazione da parte dello Stato mentre esenti sono quelli dei titoli governativi.

✓ un *liquidity premium:* cioè il compenso richiesto per il rischio di liquidità tipico del mercato dei corporate bonds.

✓ il *risk premium:* inteso come il premio per un rischio presente nei titoli corporate di tipo sistematico e non diversificabile. Si ritiene che i rendimenti sui corporate bonds siano più rischiosi di quelli sui titoli governativi e perciò che gli investitori dovrebbero richiedere un premio aggiuntivo a fronte del maggior rischio.

Secondo la letteratura finanziaria, questo maggior compenso sarebbe determinato dalle medesime influenze che colpiscono il rischio sistematico del mercato azionario; come dire che esiste una qualche relazione tra mercato dei corporate bonds e mercato azionario, ecco perché si parla di rischio sistematico. Diversamente è stato riscontrato che i rendimenti sui titoli governativi non risultano influenzati da variabili che riguardano l'andamento dei mercati azionari. La ricerca della fonte del risk premium nei corporate bonds è stata a lungo oggetto di ricerche da parte di numerosi studiosi nell'obiettivo di fornire una spiegazione alla sua esistenza ed importanza. Perché prendersi cura di stimare le varie componenti del credit spread differenziandoli per classi di rating e per scadenze?

Innanzitutto perché si vogliono conoscere i fattori che influenzano il singolo asset e non semplicemente stimare il suo valore e, secondariamente, per il singolo investitore la conoscenza della classe di rating di appartenenza del titolo come dei fattori che influenzano il suo rendimento è rilevante per definire le proprie scelte di investimento. Ad esempio l'evidenza empirica dimostra che i titoli con basso rating sono percepiti dagli operatori come investimenti più attraenti perché più alto è il loro rendimento offerto. La scomposizione del credit spread nelle quattro componenti rivela che il maggior rendimento non è soltanto dovuto al maggior rischio di default espresso dal basso rating, ma anche dal maggior risk premium che cresce per titoli con rating peggiori. Inoltre se più alti sono i coupons pagati dal titolo rischioso, più pesante sarà il carico fiscale.

Questo esempio è stato riportato per evidenziare che non sempre livelli più alti di rendimento implicano migliori investimenti se il livello del rendimento non sarà in grado di compensare tasse superiori come rischi maggiori. Considerare perciò il solo rischio di default comporterà inevitabilmente degli errori di stima dei credit spreads.

L'aver utilizzato un processo stocastico diffusivo per spiegare la dinamica del valore aziendale che tiene conto del solo default spread, ha così permesso agli analisti di trovare una motivazione ai bassi livelli dei credit spreads derivati dal modello di Merton, molto più bassi rispetto a quelli osservati sul mercato.

UN RICHIAMO AGLI STRUMENTI DI ANALISI SOTTOSTANTI I MODELLI DI VALUTAZIONE DEI TITOLI DEL DEBITO SOCIETARIO

2.1 BUILDING BLOCKS DEI MODELLI DI PRICING DEI CORPORATE BONDS

Il mercato obbligazionario rappresenta un importante canale alternativo attraverso il quale soggetti in surplus finanziario trasferiscono risorse a soggetti in deficit, in modo diretto, mediante l'utilizzo di strumenti finanziari che incorporano un rapporto di tipo creditizio tra emittente ed investitore. Nel caso specifico di emissioni obbligazionarie da parte di emittenti privati, il risparmiatore, attraverso la sottoscrizione di tali strumenti, eroga un finanziamento al prenditore, in cambio della promessa del rimborso del capitale e degli interessi, secondo un prefissato piano di ammortamento. Tuttavia il pagamento del capitale e/o degli interessi può mancare se la società emittente attraversa una fase di tensione finanziaria che non le permetterà di adempiere ai pagamenti promessi. La possibilità di subire perdite generate da un episodio di insolvenza espone così il nostro investitore ad un rischio di default non trascurabile, che rappresenta una delle componenti di rischio di credito assieme al rischio di migrazione e al rischio di spread. Inoltre, se si considera che, il rischio di credito connesso all'eventualità che il debitore non onori il proprio impegno a scadenza, riguarda ogni contratto finanziario e talvolta, anzi, ne rappresenta l'elemento caratterizzante, si conclude, che tale fonte di rischio non può essere in nessun caso sottovalutata o trascurata.

Nel corso del tempo è, infatti, cresciuta l'attenzione e l'interesse degli operatori del mercato verso lo sviluppo di modelli di misurazione, di gestione e di pricing del rischio di credito. La gestione del rischio di credito è diventata nel corso del tempo particolarmente critica, ad esempio, per banche ed istituzioni finanziarie in considerazione del rispetto di quei requisiti patrimoniali specificati dalle autorità di vigilanza. In passato erano fissati i livelli minimi di alcuni indici di bilancio, come quello tra capitale proprio e indebitamento. Quest'approccio comincia a divenire inappropriato verso la fine degli anni '80 quando i derivati che non figuravano in bilancio, incominciarono a spiegare una quota significativa del rischio creditizio. Ed infatti, oggi i requisiti patrimoniali a fronte dei rischi creditizi, tengono conto sia delle voci di bilancio sia di quelle fuori bilancio. Il tutto è stato detto a dimostrazione del fatto che la quantificazione e la gestione del *credit risk* sono diventate aree di attività sempre più critiche ed importanti per l'intera comunità di operatori finanziari.

Ad ogni modo in quest'ambito si analizzerà il rischio di credito sulla posizione assunta dall'investitore in corporate bonds.

La considerazione del rischio di credito introduce così nuovi elementi e parametri nella valutazione dei titoli rispetto, ad esempio, a quelli previsti per la gestione del solo rischio tasso di interesse. Tali nuovi elementi fanno riferimento: ad un nuovo orizzonte temporale che, più di medio-lungo termine, si riferisce alla mutazione del merito di credito dell'emittente (*default time*), alla considerazione di una percentuale dell'esposizione che si ritiene possibile, o probabile recuperare nell'eventualità d'insolvenza (*recovery rate*), oltre che alle diverse proprietà statistiche alla base degli stessi modelli di pricing.

Ed inoltre, si riprende la versione ampia del concetto di rischio di credito, secondo la quale l'evento che attiene al rischio di credito non si concretizza esclusivamente e necessariamente nell'episodio di insolvenza, quanto anche nella variazione della probabilità di default e della quota dell'esposizione che verrebbe persa nell'ipotesi di bancarotta: il prodotto di questi due elementi indica la perdita attesa, che concorre a determinare il *credit spread*, cioè il differenziale tra il rendimento del titolo con rischio di credito e quello privo di rischio corrispondente.

La definizione del modello richiederà innanzitutto di modellare recovery rates e probabilità di default, che a sua volta, verranno specificati in funzione del tipo di informazione disponibile e del campione di dati utilizzati come input.

La letteratura, in materia, ci offre un'ampia gamma di modelli di credit risk che basandosi su assunzioni e ipotesi di lavoro di vario tipo, giungono a conclusioni diverse. È in ogni modo possibile identificare in ciascun modello dei punti in comune che riguardano la definizione dei cosiddetti *building blocks*, che assumeranno di volta in volta una diversa formalizzazione a seconda delle esigenze perseguite:

❖ un processo di generazione dei tassi di interesse
❖ un processo di default
❖ un processo di definizione del recovery rate

Un qualunque modello di pricing del rischio di credito, finalizzato alla determinazione del *fair value* di un titolo rischioso non potrebbe fare a meno di considerare l'evoluzione futura dei tassi di interesse e quindi, di un *processo che genera i tassi di interesse.*

La term structure dei tassi, una funzione che lega i rendimenti dei titoli zero-coupon *risk free* alla rispettiva scadenza, essendo che, per sua natura, incorpora le aspettative del mercato sull'evoluzione futura dei tassi, riveste un ruolo fondamentale nel prezzamento dei titoli obbligazionari. In verità, lo studio della dinamica dei tassi dovrebbe essere preso in considerazione per la valutazione di un qualunque strumento finanziario se si tiene conto del fatto che il valore dello stesso, è funzione anche dei movimenti futuri del fattore tasso di interesse. Ma è altrettanto vero che gli specialisti di questo settore, non dispongono di strumenti matematici in grado di prevedere realisticamente l'evoluzione futura dei tassi, per cui ricorreranno a modellizzazioni della stessa in termini di processi stocastici per una variabile casuale.

Nel corso del tempo numerosi modelli di term structure sono stati proposti dagli studiosi, e tra i quali si ricordano: Vasicek (1977), Cox, Ingersoll & Ross (1985), Ho e Lee (1986), Hull e White (1990).

Quello che conta però, non è il processo per *r* nel mondo reale bensì in un mondo neutrale verso il rischio. Il mondo che prenderemo in esame sarà il tradizionale mondo neutrale verso il rischio, un mondo nel quale il tasso di rendimento atteso di tutti i titoli è uguale al tasso privo di rischio *r* e dove gli investitori non richiedono alcun premio per assumersi dei rischi. I prezzi delle obbligazioni dipenderanno così soltanto dal processo seguito dal tasso di interesse in un mondo neutrale verso il rischio.

Il principio della valutazione neutrale verso il rischio sarà comunque approfondito nei paragrafi successivi. Qui ci basta dire che l'assunzione di neutralità verso il rischio rappresenta solo un espediente tecnico per ottenere le soluzioni dell'equazione differenziale di Black-Scholes-Merton, da cui derivare le formule di pricing di un generico derivato il cui valore dipende dal prezzo a pronti del titolo azionario sottostante. Le soluzioni ottenute sono valide in ogni caso e non solo nel caso in cui gli investitori siano neutrali verso il rischio. Quando, infatti, passiamo da un mondo neutrale verso il rischio ad un mondo di avversione al rischio, sono due le cose che succedono. Cambia il tasso di rendimento atteso del titolo azionario e cambia il tasso di interesse per attualizzare il valore finale dei derivati, ma questi due effetti si compensano esattamente fra di loro.

Il modello di term structure che verrà esaminato, in qualità di elemento costituente di un qualsiasi modello di valutazione di titoli, forse per la sua popolarità e facilità di implementazione, è il *modello CIR* ad un solo fattore di incertezza.

Una breve rappresentazione del modello sarà utile perciò per comprenderne la dinamica futura dei tassi di interesse.

Nel modello di Cox, Ingersoll e Ross, il processo per il tasso è definito dalla seguente equazione differenziale stocastica:

$$dr = k(\mu - r)dt + \sigma \sqrt{r} \; dz \; \text{con k,}\mu\text{,}\sigma \text{ costanti e k}\mu \geq 0$$

dove

μ = tasso medio di interesse

k = fattore che determina la velocità con cui il tasso torna verso il suo valore medio.

Il modello incorpora, infatti, la proprietà della *mean reversion*, secondo la quale i tassi tendono ad essere riportati nel tempo verso un livello medio. In particolare si osserva che quando r è alto la mean reversion tende a determinare un drift negativo; quando invece r è basso, la mean reversion tende a determinare un drift positivo. Il drift term pari a $k(\mu - r)$ rappresenta la direzione che tendenzialmente sarà seguita dalla variabile.

dt = indica la variazione infinitesima del tempo

dz = termine stocastico che indica un processo di Wiener

Il modello CIR è stato preferito al modello di Vasicek perché gli autori hanno utilizzato delle condizioni di base per cui i tassi risultano sempre non-negativi; anche se in entrambi i modelli si assume l'assenza di opportunità di arbitraggio oltre che, il drift e la volatilità siano funzione soltanto di r e non anche del tempo. Nell'equazione stocastica possiamo infine inserire una componente (J) che riflette gli shock potenziali e imprevisti del tasso:

$$dr = k(\mu - r)dt + \sigma \sqrt{r}\, dz + J\, \{d[N(\bullet)] - \lambda dt\}$$

Altro non è che un processo risk-neutral diffusivo a salti, utile per evidenziare le variazioni improvvise del tasso a fronte di informazioni inattese, con $N(\bullet)$ una distribuzione normale e (λ) l'intensità dello shock. A stabilire dunque l'arrivo del salto è stato preposto un processo stocastico, la cui intensità può essere costante o derivata da una distribuzione di probabilità o da altri fattori. I due processi, diffusivo e di Poisson sono fra loro indipendenti[1].

Passiamo adesso alla trattazione del *processo che genera il default*, ovvero del modello di definizione dei credit events[2].

I modelli elaborati a tal proposito, appartengono a due grandi categorie: modelli *default mode* e modelli *multistato*. L'elemento di differenziazione riguarda il fatto di considerare rischio di credito il solo evento di insolvenza o anche il deterioramento del merito creditizio della controparte. I modelli *default mode* sono, infatti, modelli che considerano solo due possibili stati: insolvenza e non insolvenza, per questo la perdita si realizzerebbe soltanto in caso di insolvenza dell'emittente. Diversamente i modelli *multistato* considerano un'ampia gamma di eventi rappresentata da un numero discreto di classi di rating, e quindi la possibilità di migrazioni verso altre classi di rating, mentre l'insolvenza rappresenta soltanto uno dei possibili eventi.

Molti dei modelli di misurazione del rischio di credito presenti in

---

[1] L'evidenza empirica dimostra la necessità di inserire una componente a salti nel processo per il tasso di interesse; il processo a salti infatti considera una più ampia gamma di variazioni dei tassi rispetto a quelli presi in considerazione dal processo diffusivo. Ciò dimostra l'eccezionale complementarietà dei due tipi di processi; l'uno, appunto, non deve essere visto come alternativo all'altro nel modellare la dinamica della term structure.

[2] Con il termine credit event si intende un evento casuale la cui manifestazione colpisce la capacità di una controparte di un contratto finanziario di adempiere alle obbligazioni assunte.

letteratura, considerano il solo default, quale punto di arrivo di un iter più o meno lungo iniziato da una situazione di tensione finanziaria dell'emittente, come l'unico evento determinante. Altri modelli invece prendono in esame anche il semplice deterioramento del merito creditizio dell'emittente dal momento che un downgrading determina, oltre una diminuzione del valore di mercato del credito e quindi una perdita, anche un aumento della stessa probabilità di default.

Ad esempio, molti dei modelli strutturali di valutazione dei titoli obbligazionari, apprezzati di certo per il tentativo di aver legato i credit events ai fondamentali economici della società, hanno studiato il rischio di credito in termini del solo evento di insolvenza.

Ad ogni modo, il default, come altri elementi del modello, può essere descritto da un processo deterministico diffusivo, o anche diffusivo a salti. L'elemento fondamentale del processo è senza dubbio rappresentato dal valore soglia (costante oppure casuale) che definisce il *quando* il default è destinato ad aver luogo.

A seconda del modello di pricing considerato, la barriera del default può essere quindi variamente definita:

- come una barriera endogena o esogena, ma predefinita.
- come istante del primo arrivo in un processo a salti con una determinata probabilità istantanea di default λ.
- come rapporto tra valore dell' azienda e valore di libro del debito.

Infine, altrettanto importante è la definizione della relazione tra barriera di default e maturità del debito. Ad esempio, nei primi modelli (si fa riferimento al modello originale di Merton), l'insolvenza poteva verificarsi soltanto alla scadenza del prestito. Tale ipotesi assolutamente restrittiva e lontana dalla realtà è stata in ogni caso, superata dai lavori successivi.

Uno degli aspetti più complessi da definire all'interno di un modello di credit risk è il *processo di recovery rate*. È, infatti, la variabile di cui si dispone il minor numero di informazione. Molti degli elementi che la riguardano sono difficili da quantificare, ed inoltre manca di una valida ricerca empirica in materia.

Probabilmente la difficoltà di misurazione del tasso di recupero, e cioè dell'ammontare recuperabile nell'eventualità del default, deriva dall'incertezza che riguarda la dichiarazione dello stato di bancarotta dell'azienda. Non esiste, infatti, una condizione standard di stress finanziario che se soddisfatta dall'azienda, questa sarebbe dichiarata insolvente. Ogni situazione finanziaria critica può essere affrontata con modalità di intervento diverse; alcune imprese potranno, per esempio, optare per la ristrutturazione aziendale, altre invece per la rinegoziazione del debito.

Il modo in cui le crisi aziendali vengono gestite è sicuramente il risultato dell'interazione di elementi di carattere istituzionale e di comportamenti di tipo strategico delle parti coinvolte nella crisi aziendale. Gli aspetti istituzionali coinvolgono la normativa sulle procedure concorsuali, cioè l'insieme delle norme che regolano il recupero dei crediti e la ristrutturazione dell'assetto finanziario dell'azienda in difficoltà. I comportamenti di tipo strategico sono rappresentati invece da iniziative che le parti possono intraprendere per la risoluzione della crisi con trattative di carattere privato che non coinvolgono le procedure previste dalla legge: si tratta delle cosiddette soluzioni extra-giudiziali, o di rinegoziazione del debito. La ripresa della società potrebbe anche derivare dall'intervento dei cosiddetti *white knigths* che assumendo su di sé i debiti della società, la salvano da eventuali acquisizioni ostili.

Se in letteratura numerosi sono stati i lavori e gli studi compiuti per la stima della probabilità di default, scarsa è stata invece l'attenzione dedicata alla stima dei *recovery rates* e alle eventuali relazioni esistenti tra queste due variabili.

Una così esigua attenzione è stata forse dovuta al fatto che, tradizionalmente, i modelli di credit risk hanno assunto la probabilità di insolvenza indipendente dal tasso di recupero, una perdita predefinita sulla base di un certo tasso medio di recupero per tutti i prestiti garantiti e similmente una perdita fissa, utilizzando un differente tasso medio di recupero per quei prestiti non garantiti. Come conseguenza forse di un parallelo calo dei tassi di recupero e di un aumento dei tassi default è andato crescendo l'interesse verso stime dei tassi di recupero più accurate. Si osserva così, che i diversi modelli di pricing, elaborati negli ultimi 30 anni hanno cominciato a prendere in esame i tassi di recupero e le loro relazioni con le probabilità di insolvenza con maggiore attenzione.

I recenti studi hanno cercato, infatti, di costruire delle relazioni tra tasso di recupero, processo di default e term structure dei tassi, attraverso forse la definizione di un processo stocastico anche per il tasso di recupero[3], ma la mancanza di fonti empiriche e di dati storici rendono tale compito assai complesso.

2.2 LE DUE FAMIGLIE DI MODELLI

La diversa formalizzazione dei tre building blocks ha dato origine a numerosi modelli finali di pricing.

Le principali differenze vanno ricercate nella modalità di determinazione dell'evento di default, il quale può essere derivato,

---

[3]Nel modello di Longstaff e Schwartz, la correlazione tra tassi di insolvenza e tassi di interesse evidenzia un importante effetto sui credit spread; usando infatti, i dati sui tassi di rendimento dei corporate bonds forniti da Moody's, gli autori hanno osservato che i credit spread sono negativamente legati ai tassi di interesse.

rispettivamente:

- dai fondamentali economici-finanziari dell'azienda (come nei cosiddetti modelli *"firm value "* proposti da autori quali Anderson, Sundaresan, Leland et Al.).

- da un processo legato al valore aziendale (ad esempio nel modello di Merton, di Longstaff e Schwartz.).

- oppure dall'analisi dei *credit spread* e dei prezzi di mercato (come avviene nei modelli statistici di Lando, Singleton et Al.).

Gli studi e le ricerche in questo settore sono state numerose e nel tentativo di rendere più chiara e semplice la trattazione, si suole ricorrere alla tradizionale classificazione dei modelli in due grandi scuole di pensiero:

- modelli strutturali, chiamati anche *firm-value based models;*
- modelli in forma ridotta (*reduced- form models);*

L'obiettivo principale dei modelli di credit risk è proprio quello di individuare delle metodologie per il prezzamento delle posizioni sensibili al rischio di credito, nel rispetto del principio di assenza di opportunità di arbitraggio prive di rischio. Si definisce, infatti, arbitraggio la possibilità di ottenere guadagni sicuri, senza incorrere in alcun tipo di rischio.

È su questa base che i modelli di valutazione dei prodotti finanziari perseguono l'obiettivo di pricing: l'idea è che le relazioni tra i prezzi devono essere tali da escludere la possibilità di effettuare arbitraggi, cosicché non deve essere possibile costruire sul mercato posizioni e strategie che consentano di ottenere guadagni senza alcun tipo di rischio. Premesso che entrambi le famiglie di modelli fondano la loro analisi sul rispetto di tale principio, le differenze vanno riscontrate nelle metodologie di determinazione del *default's time* e dei *recovery rates*.

Nei modelli strutturali il prezzamento del rischio di credito è risolto in termini di valore aziendale.

In tali modelli l'evento default è determinato da un fattore endogeno ed ha luogo quando il valore dell'azienda raggiunge una certa soglia critica, o barriera di default variamente definita. Sono modelli in cui la probabilità di insolvenza viene legata alla dinamica del valore della società emittente; modelli in cui il debito stesso è trattato come un'opzione sul valore dell'azienda e per questa ragione si parla appunto di modelli *firm value*.

Ad esempio nel modello di Merton, capostipite della famiglia dei strutturali, la valutazione del debito si basa su un'assunzione irrealistica ed ampiamente criticata, per cui il default può manifestarsi soltanto alla scadenza del debito se il valore degli assets non risulta sufficiente a coprire il valore del debito obbligazionario. Tuttavia la restrizione di Merton è stata superata dai lavori[4] successivi.

Nell'approccio strutturale, il valore dell'attivo aziendale è quindi la variabile che determina congiuntamente: tempo e probabilità di default e recovery rates. Tale metodologia che ha così permesso di legare il rischio di default ai fondamentali economici-finanziari della società emittente, per quanto apprezzabile sul piano teorico, assume però, implicitamente che il valore aziendale sia una variabile direttamente osservabile nel mercato. Si tratta, in verità, di un'assunzione non sempre vera, se si pensa ad esempio, all'esistenza nel patrimonio aziendale di eventuali elementi intangibili non facilmente osservabili né prezzabili oppure all'esistenza di forme di debito il cui valore di mercato è difficile da determinare perché scarsamente negoziato.

---

[4] Lo studio dei modelli strutturali verrà affrontato nel capitolo 3.

Quanto ai tassi di recupero, invece distinguiamo due filoni di studi. Nei primi modelli strutturali sono studiati in termini di variabili endogene perché legati alle caratteristiche strutturali dell'azienda (come per esempio nel modello di Merton, di Cox e Black), nei successivi lavori, invece, poiché risultano definiti da tassi fissi sul valore del debito insoluto, sono analizzati nella forma di variabili esogene, indipendenti dal valore dell'attivo[5].

Il lavoro di Merton si ricorda, inoltre, per aver semplificato la formula di pricing ipotizzando che il tasso di interesse si mantenesse costante per tutta la vita del debito; un'ipotesi che ha comunque riguardato anche altri modelli della stessa famiglia.

La congettura, introdotta dall'autore nell'obiettivo di isolare gli effetti del rischio di credito, rispetto a quelli prodotti dalle variazioni dei tassi di interesse sul prezzo, non può comunque essere accettata in pieno. Non soltanto se stiamo analizzando il valore di strumenti finanziari il cui valore dipende altresì dalla term structure, anche perché, l'attività come la struttura del capitale della società sottostante potrebbero risultare sensibili alle variazioni dei tassi di interesse. È quindi ragionevole ipotizzare una qualche relazione tra il processo del default e il processo che genera la term structure, specialmente in un approccio strutturale dove il default è appunto studiato in termini di valore aziendale. Per cui una trattazione separata dei due tipi di rischi risulterà senz'altro poco corretta. Ed ancora se si riflette sul fatto che, lo stesso rischio di credito, è di per sé legato all'evoluzione dei tassi di interesse nel tempo.

Un primo tentativo di valutazione del debito societario, in un

---

[5] Nella trattazione, i termini di valore aziendale e quello di valore dell'attivo vengono spesso considerati simili. Si tenga presente che il valore dell'azienda è pari al valore dei suoi assets più la deduzione d'imposta sui flussi cedolari, meno i costi di bancarotta; e soltanto se, queste due componenti sono trascurate, i due termini coincidono.

contesto di tassi di interessi stocastici, è stato compiuto da Shimko nel 1993, seguirono i lavori di Longstaff e Schwartz, Zhou e altri.

I modelli strutturali, per quanto siano apparsi sin da subito interessanti sul piano teorico, presentano però dei forti limiti che chiariscono il perché non abbiano avuto un'ampia applicazione pratica. Tali limiti, sicuramente incisivi, sono, infatti, legati alla reperibilità delle informazioni relativi all'azienda, alla numerosità dei dati necessari per conseguire stime affidabili, alla stima dei parametri cui è legato il valore aziendale e alla difficoltà e complessità delle procedure di risoluzione, soprattutto nel caso di strutture del capitale complesse.

Nel tentativo di superare difetti così grandi, sono stati elaborati i modelli *reduced-form*. Diversamente dai modelli strutturali, i modelli in forma ridotta non condizionano il default al valore della società e la probabilità di default è derivata da processi statistici e dai dati di mercato. L'idea fondamentale di questa famiglia, di prezzare il rischio di credito così com'è percepito dal mercato, si persegue perciò utilizzando direttamente i prezzi e gli spread di titoli negoziabili espressi dal mercato.

Un tipico modello in forma ridotta assume che una variabile casuale genera il default e più precisamente che la probabilità di insolvenza, governata tipicamente da un processo di Poisson, è data dal parametro λ, definito intensità del processo o hazard rate.

Il default determinato così da un fattore esogeno, si manifesterà, quando la variabile casuale subisce una prima variazione discreta (o anche un primo salto in un processo di Poisson). Ciò implica inoltre che il momento di manifestazione dello stesso evento non potrà essere previsto sulla base delle informazioni disponibili oggi. Il ruolo centrale svolto dal parametro di intensità in questo approccio, ha fatto sì che nella letteratura i modelli in forma ridotta siano noti anche sotto la denominazione più tecnica di *"intensity based models"*.

L'utilizzo dei processi statistici di tipo di Poisson rende quindi, assolutamente aleatorio il momento di manifestazione dell'evento default. Il fatto che l'evento di default sia considerato un evento completamente imprevedibile, *sudden surprise,* distingue in modo sostanziale l'approccio dei modelli reduced-form da quello strutturale.

Lo stesso tipo di processo stocastico è altresì utilizzato per spiegare la dinamica delle variabili: tassi di interesse e tassi di recupero.

In conclusione, i modelli in forma ridotta si identificano per un approccio più flessibile al rischio di credito, un approccio in cui il valore della società come la struttura del capitale non vengono, in nessun caso presi in esame, assumendo che il tempo in cui si verifica l'episodio di default sia una variabile aleatoria; la probabilità di default, così come il recovery rate siano descritti da una distribuzione di probabilità appropriata.

Anche se i lavori successivi nell'ambito della famiglia strutturale hanno cercato di rendere il momento del default non del tutto prevedibile[6], l'approccio in forma ridotta si caratterizza sempre e comunque, per un grado di incertezza dell'evento default decisamente superiore. Il maggiore realismo di tali modelli, l'utilizzo di dati in input osservabili direttamente nel mercato, almeno sul piano teorico, e quindi la semplificazione delle metodologie di calcolo ne ha favorito la loro diffusione presso la comunità di operatori a discapito dei modelli strutturali.

I modelli di valutazione che in quest'ambito prenderemo in considerazione pongono le loro basi su strumenti matematici non di uso comune in ambito universitario. La stessa conoscenza degli strumenti è ancora assai limitata, perciò si ritiene opportuno presentare una breve rassegna dei principali elementi statistici di

---

[6] Si fa riferimento al lavoro di Zhou che descrive la dinamica del valore aziendale tramite un processo diffusivo a salti.

analisi. Le nozioni che più ricorrono nella trattazione dei modelli di processo stocastico di Wiener e di Poisson e di valutazione neutrale verso il rischio, verranno esaminate nei paragrafi successivi, secondo una breve descrizione iniziale di tipo analitica, integrata poi da un tentativo di contestualizzarne i concetti all'interno del modello in cui si trovano.

2.3 PROCESSO STOCASTICO DI WIENER

Uno dei primi modelli per la valutazione dei corporate bonds è stato sviluppato da R. Merton (1974) e si basa sulla ripresa dei principi dell'*option pricing theory*.

L'idea originale dell'autore è stata quella di riconoscere una natura opzionale nelle due principali fonti di finanziamento di una struttura del capitale assai semplificata. Sia l'equity che il capitale di debito vengono infatti trattati in termini di opzioni sul valore aziendale.

Nell'obiettivo di rendere chiaro il funzionamento di quello che è stato considerato il capostipite dei modelli strutturali, si ritiene opportuno dapprima riprendere alcuni concetti chiave concernenti la teoria dell'opzione. È noto che il valore di un'opzione iscritta su un titolo azionario che non paga dividendi è funzione di cinque variabili: prezzo di mercato del sottostante, prezzo di esercizio, volatilità del prezzo del sottostante, vita residua, tasso di interesse privo di rischio. Posto che il valore dell'opzione è strettamente legato all'andamento del prezzo dell'attività sottostante, nello sviluppo delle tecniche di pricing delle opzioni e quindi dei titoli rischiosi, è importante dunque costruire un modello che descriva la dinamica dei prezzi del sottostante nel tempo.

L'andamento del valore di una variabile casuale che evolve nel tempo in modo incerto, può essere descritto da un tipico processo stocastico. Nei manuali di statistica i processi stocastici sono classificati in processi "a tempo continuo" o "a tempo discreto".

Tuttavia in analisi finanziaria, quelli a tempo continuo sono stati i più adottati perché permettono di ottenere, con più facilità, soluzioni in forma chiusa per specifici problemi finanziari, oltre al fatto che risultano più appropriati per visualizzare le scelte che potrebbero essere prese nel continuo. Inoltre, com'è stato evidenziato in un articolo di Merton, due presupposti di base devono essere fatti per giustificare l'utilizzo dell'approccio continuo[7]:

- i mercati finanziari sono aperti tutto il tempo; ciò significa che gli agenti possono negoziare continuamente.
- il processo stocastico generatore del valore della variabile può essere descritto da un processo diffusivo continuo.

Un processo stocastico è usato frequentemente nell'analisi dei prezzi futuri degli strumenti finanziari dal momento che questi sono effettivamente percepiti come valori aleatori.

Una delle assunzioni di maggior rilievo che è inoltre effettuata nell'ambito della teoria della finanza, per descrivere l'andamento nel tempo del valore del titolo, è che i prezzi ad una determinata data racchiudono dentro di loro tutta l'informazione sulla propria storia passata. Tale assunzione risulta molto utile perché nel determinare il comportamento probabilistico dei prezzi è necessaria la considerazione del solo prezzo corrente e non di tutti i valori passati.

---

[7] Il contributo di Merton risiede nella sua capacità, a quel tempo, di legare i due aspetti: teoria finanziaria e approccio continuo, introducendo la ben nota *continuos-time finance*. Prima del suo intervento, la teoria finanziaria era infatti limitata alle teorie statiche; la teoria della finanza secondo un approccio continuo ha invece favorito la riaffermazione di precedenti problemi gestiti in chiave dinamica.

Con quest'assunzione possiamo descrivere il percorso dei prezzi attraverso il cosiddetto processo di Markov[8]. Una breve rappresentazione delle principali proprietà di tale processo, risulta utile visto che il processo di Wiener, posto alla base della maggior parte dei modelli di pricing, può essere visto come un particolare tipo di processo di Markov.

La proprietà fondamentale di tale processo è che la distribuzione di probabilità circa il possibile valore futuro del prezzo di un titolo, condizionato da tutta l'informazione passata, è uguale alla distribuzione di probabilità del valore futuro, condizionata solamente dal suo valore corrente. Dunque, le variazioni di prezzo nei diversi intervalli di tempo, sono causate solamente dall'arrivo di un'informazione aggiuntiva, non prevedibile nell'istante di tempo precedente. In altri termini, è come dire che la causa che determinerebbe la particolare evoluzione dei prezzi, così come viene modellata dai processi stocastici, è senza dubbio il continuo susseguirsi di nuove informazioni (il mercato risponde quindi immediatamente all'arrivo di nuove informazione attraverso le variazioni di prezzo). È proprio l'informazione, che giungendo istante dopo istante, sottopone i prezzi ad un continuo aggiustamento; quindi l'idea che sta dietro i processi stocastici è quella di tradurre in formule matematiche l'effetto del continuo "bombardamento" di tali informazioni. In seguito sarà illustrato come da un punto di vista matematico viene individuata una relazione tra la dinamica del prezzo e l'arrivo nel mercato di una nuova informazione non prevedibile. Dal

---

[8] Un processo di Markov è un particolare processo stocastico in base al quale solo un certo numero di situazioni precedenti è rilevante al fine di prevedere l'evoluzione futura di una determinata variabile. Nel campo della finanza quando si assume che il prezzo di un generico strumento segue un processo markoviano si afferma automaticamente che il prezzo corrente racchiude già tutte le possibili informazioni passare che stanno imprimendo al prezzo stesso un trend rialzista o ribassista.

momento che il prezzo si muove a causa dell'arrivo di nuovi shock informativi, non conosciuti a priori, nel modello occorre introdurre un fattore che rappresenti l'incertezza, l'imprevedibilità di questi shock. Nell'ambito dell'analisi finanziaria si è affermata sempre più l'ipotesi che i prezzi seguirebbero un andamento temporale riconducibile ad un processo stocastico diffusivo (R. Brown 1826; Wiener 1918).

Nei modelli strutturali, come del resto è stato già osservato, il *credit event* è determinato in funzione dei movimenti del valore aziendale; sono, infatti, chiamati modelli *"firm value"* perché assumono l'azienda, quale realtà specifica e ben delineata, il nodo centrale dell'analisi. Punto di partenza ai fini del prezzamento del rischio di credito è quindi la scelta di una metodologia che descriva l'evoluzione nel tempo del valore aziendale. In tali modelli, la dinamica del valore dell'attivo è normalmente descritta dalla seguente equazione differenziale stocastica, appropriata ad esprimere strategie di business, cash flow aziendali e profittabilità dell'impresa:

$$dV = (\Box V - Cf)dt + \sigma V dz \quad (2.1)$$

dove

$\Box$ è il tasso istantaneo di rendimento atteso dell'attivo;

Cf è il cash outflow pagato dalla società sotto forma di dividendi ed interessi se positivo, altrimenti, se negativo è il flusso ricevuto da un nuovo finanziamento;

σ è la deviazione standard del tasso di rendimento;

dz è il processo standard di Wiener.

Perché dunque ricorrere ad un processo di Wiener?

Il processo di Wiener, quale strumento atto a descrivere i movimenti stocastici di una generica variabile soggetta a numerosi piccoli shock generati dall'arrivo di nuove informazioni, risulta essere quindi molto appropriato per rappresentare la traiettoria dei prezzi di una generica attività. Nel tentativo di evidenziare utilità e importanza di tale strumento nello studio dell'asset pricing, si procederà dapprima con la presentazione del processo di base di Wiener.

Indichiamo con S la nostra variabile casuale, con t il tempo e con ΔS (dS), la variazione che la variabile in esame può subire su un intervallo di tempo discreto Δt (continuo dt); se la variabile S segue un processo di Wiener, la sua variazione ΔS in un intervallo di tempo discreto Δt sarà definita dalla seguente equazione:

$$\Delta S = \varepsilon \sqrt{\Delta t} \quad (2.2)$$

Dove ε è un numero casuale estratto da una distribuzione normale standardizzata con media zero e deviazione standard pari ad uno.

Finora si è considerato un intervallo di tempo discreto Δt, se invece riduciamo l'orizzonte temporale (cioè consideriamo il limite per $\Delta t \rightarrow 0$) si prenderanno in esame variazioni sempre più piccole fino a quelle infinitesimali, ed il processo di Wiener in quest'ultimo caso si configura nel modo seguente:

$$dS = \varepsilon \sqrt{dt} \quad (2.3)$$

Sulla base del legame tra ΔS e Δt rappresentato dall'equazione (3.2) ed inoltre, tenuto conto che ε è un'estrazione casuale da una normale standardizzata, ne deriva che, anche ΔS si distribuisce normalmente con media zero e varianza Δt. Una seconda proprietà soddisfatta dalla variabile che segue un processo di Wiener è data dall'indipendenza delle variabili che seguono tale processo, secondo la quale i valori di due variazioni distinte ΔS (posto che gli ε si distribuiscano normalmente) relative a due diversi intervalli di tempo Δt sono IID (indipendenti identicamente distribuiti) con $\Delta S \sim N(0, \sqrt{\Delta t})$; in altri termini si assume che il fattore stocastico si comporti in maniera del tutto indipendente dal suo andamento passato: dunque se si indica con $\varepsilon(+1)$ e $\varepsilon(t)$ due realizzazioni di $\square$, risulta nulla la covarianza fra le due (implica cioè che la variabile casuale segue un processo di Markov). La varianza di ogni ΔS sarà ovviamente Δt, mentre se si prende in considerazione un arco temporale più ampio, la variazione della variabile S sarà data dalla somma delle singole variazioni in *n* intervalli di tempo più piccoli

($\sum \varepsilon_i \sqrt{\Delta t}$), e data l'indipendenza delle variabili ε_i, la citata variazione si distribuirà secondo una normale con media nulla e varianza nΔt. Un'ultima considerazione illustra cosa succede al sentiero temporale seguito da S se si considera il limite per $\Delta t \rightarrow 0$; il sentiero diventa più frastagliato, conseguenza del fatto che la dimensione della variazione (ΔS) nell'intervallo Δt è proporzionale alla sua deviazione standard $\sqrt{\Delta t}$, per cui quando Δt è piccolo, $\sqrt{\Delta t}$ è molto più grande di Δt.

In definitiva stiamo lavorando su una variabile S che può variare secondo un valore casuale ΔS che, a sua volta, dipende da un'altra variabile casuale $\varepsilon \sqrt{\Delta t}$.

Il processo di Wiener di tipo standard presentato finora, mostra così due importanti peculiarità: • il valore atteso della variabile S in ogni istante futuro di tempo è pari al suo valore corrente, visto che il tasso di crescita atteso (definito anche tasso di deriva o *drift rate*) viene ipotizzato nullo; • la varianza (*variance rate*) è uguale ad uno e ciò vuol dire che la varianza delle variazioni di S in un intervallo di lunghezza T è pari a 1 x T. Tali peculiarità, però, non possono essere viste come tali dal momento che, specularmente mostrano i limiti di applicabilità dello stesso nell'ambito dei modelli di pricing del rischio di credito.

Si elencano a questo punto, i motivi per i quali il processo base di Wiener non può essere utilizzato per descrivere la dinamica dei prezzi delle attività aziendali:

- Il processo standard di Wiener non tiene conto del fatto che i singoli assets hanno volatilità diverse che possono influenzare il valore complessivo dell'attivo aziendale in maniera diversa.

- Inoltre ipotizzare che la media dei ΔS sia nulla significa non tener dei conto del fatto che gli assets rischiosi hanno invece un tasso di rendimento medio atteso positivo e non nullo atto a compensare gli investitori del rischio sopportato.

- Infine il processo considerato ipotizza che le variazioni assolute del prezzo (ΔS) siano indipendenti dal suo valore iniziale (S). Nella realtà ciò non accade poiché le variazioni per livelli iniziali più elevati saranno in media maggiori delle variazioni relative a livelli iniziali più contenuti.

Se si considerano, invece, le variazioni percentuali del prezzo ($\Delta S/S$), allora ci sarà un'effettiva indipendenza rispetto al suo valore iniziale. Si ritiene infine che l'indicatore *relativo* di misura della variazione nel pricing dell'asset sia migliore perché meglio evidenzia la dimensione del cambiamento.

A questo punto saranno evidenziati gli interventi correttivi messi a punto nel tentativo di definire un processo stocastico adeguato al *pricing* degli assets.

Con riguardo al primo punto si deve correggere la formula di base che descrive la dinamica della variabile casuale (si ricorda che la variabile del nostro problema è il valore dell'attivo aziendale), con un elemento che tenga conto del diverso impatto che le differenti volatilità producono su S; volatilità diverse dei singoli assets influenzeranno diversamente il valore di S, secondo un ε che a sua volta dipenderà necessariamente dalla deviazione standard dello specifico asset.

In formula potremmo tradurre quanto detto sopra, pesando correttamente (ε) per (σ), la deviazione standard annualizzata di ΔS;

per questo la (2.2) diventa:

$$\Delta S = \sigma \varepsilon \sqrt{\Delta t} \quad (2.4)$$

E analogamente per il caso continuo la formula diventa:

$$dt = \sigma \varepsilon \sqrt{dt} \quad (2.5)$$

Dove ΔS si distribuisce secondo una normale con media nulla e varianza pari a $\sigma^2 \Delta t$ ed ε, come prima, è un'estrazione casuale da una distribuzione normale standardizzata. Si tenga conto che spesso il termine destro delle formule (2.4) e (2.5) si trova scritto come $\sigma \Delta z$ e σdz rispettivamente[9].

Si chiarisce immediatamente che come soluzione del primo e del secondo limite è stato utilizzato un **processo di Wiener generalizzato**, che costituisce un successivo affinamento nella descrizione del cammino dei prezzi secondo il modello di base, spiegando la stessa variazione del prezzo in un intervallo discreto o continuo come somma di due componenti:

$$\Delta S = \alpha \Delta t + \sigma \varepsilon \sqrt{\Delta t} \quad (2.6)$$

Invece nel caso continuo:

$$dS = \alpha dt + \sigma \varepsilon \sqrt{dt} \quad (2.7)$$

Non è altro che un semplice processo di Wiener base in cui vengono aggiunti i due termini: • un primo elemento, il tasso di deriva atteso α (*drift rate*) che indica la variazione attesa per unità di tempo, ossia il *trend* positivo o negativo delle serie storiche della variabile casuale osservata e, considerato che stiamo costruendo un processo stocastico per la traiettoria dei prezzi di strumenti finanziari, è giusto

---

[9] Il termine Δz indica che la variabile z segue un processo di Wiener standard nel discreto; ovvero $\Delta z = \varepsilon \sqrt{\Delta t}$, analogamente nel caso continuo.

affermare che in questo caso il drift rate, l'equivalente del tasso di rendimento atteso deve essere necessariamente positivo; • un secondo elemento $\sigma \varepsilon \sqrt{\Delta t}$ che rappresenta invece l'elemento casuale che caratterizza l'andamento erratico della variabile S, che aggiunge "rumore" ossia variabilità al sentiero temporale seguito dalla stessa.

Dal processo di Wiener generalizzato così descritto dalle equazioni (2.6), (2.7) con un tasso di deriva atteso pari ad α ed un tasso di varianza pari a σ^2 ne segue che la variazione del valore degli assets ΔS si distribuisce secondo una normale con media αΔt e deviazione standard $\sigma \sqrt{\Delta t}$. In definitiva l'andamento della variabile casuale è il risultato dell'azione di due fattori: uno prevedibile, vale a dire il trend di crescita attesa (αΔt) e l'altro stocastico non prevedibile $\sigma \varepsilon \sqrt{\Delta t}$, la cui variabilità è pari a σ volte il processo di Wiener di base. Se non prendessimo in considerazione l'elemento *random* del processo, la variazione attesa della variabile per unità di tempo sarebbe semplicemente pari ad α; ed invece la nostra attenzione deve essere centrata anche sull'effetto della componente stocastica dato che i prezzi sono dei valori aleatori la cui incertezza è appunto legata all'arrivo di nuove ed improvvise notizie dal mercato.

Per ultimo, si analizza il problema riguardante la relazione tra valori assoluti e valori relativi riguardanti le variazioni di prezzo degli assets.

Nel processo di Wiener generalizzato, il *rendimento assoluto* per unità di tempo del titolo è espresso dal parametro α che è un valore costante ma non indipendente dal prezzo iniziale del titolo; quanto detto però, non risulta logico se si tiene conto del fatto che un investitore razionale richiede, indipendentemente dal prezzo di acquisto dagli assets, un tasso di rendimento correlato al grado di rischio assunto.

Diviene necessario a questo punto sostituire il processo di Wiener

Capitolo 2

generalizzato con un modello più generico: il processo di Ito.

Non è altro che un'ulteriore sofisticazione del processo di Wiener in cui i due parametri, α e σ sono entrambi funzione del tempo t e del valore S della variabile sottostante; in termini formali, il processo di Ito per una generica variabile casuale X è descritto dalla seguente equazione:

$$dx = \alpha(x, t)dt + b(x, t)\,\varepsilon\sqrt{dt}$$

Nel nostro caso invece, il prezzo degli assets S è la variabile sottostante, quindi avremo:

$$dS = \alpha(S, t) + \sigma(S, t)\,\varepsilon\sqrt{dt}$$

Dunque il processo di Ito può essere utilizzato per descrivere l'andamento dei prezzi di strumenti finanziari in cui si vuole che, entrambi i tassi di varianza e di drift cambino al passare del tempo come al modificarsi dalla variabile sottostante. Come in un qualunque processo stocastico, anche in questo modello la dinamica futura dei prezzi è spiegata dall'azione di due componenti: una deterministica e l'altra stocastica.

Se l'assunzione del modello di Wiener generalizzato di un tasso di deriva atteso costante non è appropriata, dovrà essere sostituita dall'assunzione che invece il tasso di deriva atteso in rapporto al prezzo del titolo risulti costante ($\alpha/S = \mu$). Questa assunzione implica che, se S è il prezzo dell'azione, il tasso di deriva di S è μS e la variazione attesa di S in un breve intervallo Δt, è pari a $\mu S \Delta t$ (posto che il tasso di varianza sia nullo, il prezzo cresce ad un tasso di rendimento atteso pari a μ). Se indichiamo quindi con μ il tasso di rendimento atteso, il termine μS indica il rendimento assoluto.

Analogamente su un intervallo di tempo discreto Δt, il rendimento assoluto sarà quindi pari a $\Delta S = \mu S \Delta t$, ed invece per un infinitesimo sarà $dS = \mu S dt$; dividendo ambi i membri delle equazioni per S otterremo invece il tasso di rendimento atteso dagli investitori dS/S = µdt indipendente dal prezzo iniziale. Sulla base della logica del processo di Ito, ci stiamo così addentrando verso la rappresentazione di un processo stocastico ideale in grado di definire un rendimento assoluto degli assets dipendente dal loro valore iniziale, ed infatti la variazione assoluta ΔS risulta dipendente dal prezzo iniziale degli stessi; ed un tasso di rendimento atteso indipendente dal prezzo.

Il prezzo di un titolo è, naturalmente, soggetto anche ad una certa volatilità; ragionevole è altresì, l'assunzione per la quale la deviazione standard del tasso di rendimento in un breve periodo di tempo, Δt, sia la stessa indipendente dal livello iniziale dello strumento finanziario. Pertanto se la deviazione standard della variazione del prezzo nell'intervallo Δt deve essere proporzionale al suo prezzo, combiniamo i due aspetti per giungere al seguente modello:

$$dS = \mu S dt + \sigma S \varepsilon \sqrt{dt}$$

da cui

$$\frac{dS}{S} = \mu dt + \sigma \varepsilon \sqrt{dt} \quad (2.8)$$

Si ricorda che spesso il termine stocastico $\sigma \varepsilon \sqrt{dt}$ è indicato con dz.

L'equazione (2.8), nota anche come *moto geometrico Browniano* è quella più usata per descrivere il comportamento dei prezzi dei titoli, dove il termine sinistro della (2.8) indica il tasso di rendimento in un intervallo molto piccolo, µdt è il termine deterministico e rappresenta il valore atteso di questo tasso, mentre il termine $\sigma \varepsilon \sqrt{dt}$ è la componente stocastica del medesimo tasso. Abbiamo così individuato un modello coerente a quanto detto sopra, in grado quindi di includere un rendimento assoluto di S dipendente dal valore iniziale dei suoi assets ed un tasso di rendimento indipendente da ciò. Inoltre il modello garantisce valori di S mai negativi, perché se il prezzo segue un moto geometrico Browniano, si dimostra che questo si distribuisce in modo log-normale e quindi può assumere soltanto un qualsiasi valore compreso tra zero e $+\infty$; mentre il processo di Wiener generalizzato presenta il grande limite legato alla possibilità che il valore della variabile osservata possa assumere valori non negativi (per valori di $\alpha < 0$), quando invece nella realtà finanziaria il prezzo di uno strumento finanziario non può mai esserlo.

Un'analisi accurata dei processi stocastici diffusivi è stata necessaria per la comprensione dei modelli strutturali di pricing del rischio di credito che rappresentano l'oggetto di analisi e di approfondimento nel capitolo successivo di questo lavoro. Ad ogni modo sembra altrettanto utile continuare lo studio dei processi stocastici con una breve rappresentazione della logica del processo stocastico a salti di Poisson

2.4 PROCESSO STOCASTICO A SALTI DI POISSON

È abbastanza evidente che i valori delle attività finanziarie, titoli azionari, obbligazionari, tassi di interesse e tassi di cambio non seguano un cammino log-normale. L'assunzione implicita al moto geometrico browniano secondo la quale l'evoluzione futura dei prezzi segue una distribuzione log-normale, e principio base di svariate teorie finanziare, è senza dubbio in contrasto con l'evidenza empirica[10]. Caratteristica sorprendente dei mercati finanziari reali è che in un qualsiasi momento si possono manifestare improvvisi ribassi di

---

[10] Svariate teorie sono state proposte per dimostrare la non-normalità di una distribuzione empirica dei prezzi; tra di queste si ricordano: 1) volatilità è stocastica; 2) i rendimenti seguono altre distribuzioni, ad esempio quella Pareto-Levy; 3) il valore degli assets può subire dei salti.

prezzo o crolli inaspettati. Inoltre tali movimenti improvvisi possono manifestarsi molto più frequentemente rispetto a quelli attesi dai tassi di rendimento distribuiti secondo una distribuzione normale con volatilità moderata.

Dunque se le distribuzione empiriche dei prezzi di attività finanziarie dimostrano come l'ipotesi di distribuzione normale non può essere accettata dalla comunità finanziaria perché, lontana dalla realtà, non tiene conto di variazione a ribasso o a rialzo, improvvise ed inattese di tali prezzi, dobbiamo necessariamente ricorrere ad altri strumenti statistici. I salti o le variazioni inattese dei prezzi sono così descritte dal processo di Poisson capace, infatti, di catturare quel fenomeno reale assente nel modello base del moto Browniano.

In molti modelli di prezzamento del rischio di credito, il processo di Poisson è utilizzato sostanzialmente per generare il default. In questi modelli reduced-form si pone, infatti, che l'insolvenza sia governata da un processo di tipo di Poisson ed in particolare, se non vengono presi in considerazioni gli effetti sulla probabilità di default causati dalle migrazioni tra classi di rating, il default si manifesterà quando il contatore del processo cambierà per la prima volta da zero ad uno. In tali modelli, dunque, un processo di Poisson è una scelta tipica per descrivere il momento dell'insolvenza.

Nel tentativo di rendere più incerto l'evento default, poiché il moto geometrico Browniano non ammette diminuzioni improvvise del valore aziendale e quindi fallimenti a sorpresa per l'azienda, il processo di Poisson è stato preso in considerazione anche dai sostenitori dell'approccio strutturale nel descrivere la dinamica del valore aziendale (Zhou, 1997 "A Jump-diffusion approach").

Passiamo adesso ad una rappresentazione del processo con riferimento al contesto preso in esame di valutazione delle obbligazioni societarie.

In termini strettamente statistici, si tratta di un processo di conteggi (o dei rinnovi) che fa riferimento al numero di volte che un certo evento si presenta in un dato orizzonte temporale, quando gli intervalli che separano l'occorrenza dell'evento in questione costituiscono variabili aleatorie che si assumono indipendenti e con la stessa legge di probabilità.

Nel nostro caso il processo di Poisson può essere così definito:

$$0 \text{ con probabilità } 1 - \Delta t$$

$$\Delta q =$$

$$1 \text{ con probabilità } \lambda \Delta t$$

con $\lambda \Delta t$ la probabilità di un salto q nell'intervallo di tempo considerato.

Il processo può essere così incorporato in un modello di dinamica del prezzo di un asset nel tentativo di riflettere quelle variazioni improvvise del prezzo determinate dall'arrivo di informazioni inattese, nel seguente modo:

$$\Delta S = \mu S \Delta t + \sigma S \Delta z + (J - 1) S \Delta q$$

dove si assume che ● non esiste alcuna correlazione tra il moto geometrico browniano e il processo di Poisson ed inoltre che ● J sia una quantità casuale descritta da una distribuzione con funzione di densità $P(J)$ ancora indipendente sia dal moto Browniano che dal processo di Poisson.

Il processo di Poisson è dunque un particolare processo stocastico in cui la variabile casuale, soggetta a discontinuità, ha una probabilità di un cambiamento di stato nel periodo Δt pari a $\lambda \Delta t$, dove il parametro λ è l'intensità del processo (anche detta *probabilità risk neutral* di default).

Nel contesto specifico preso in esame la probabilità $\lambda \Delta t$ di un salto nel processo stocastico nell'intervallo di tempo [t; t + Δt], verrà assimilata alla probabilità dell'evento default mentre la probabilità di non default sarà così, pari a $(1 - \lambda \Delta t)$. Se dunque nell'intervallo $[t; t + \Delta t]$ la probabilità dell'evento default, data la sopravvivenza della società fino tempo t e una probabilità istantanea di default λ, è pari a $\lambda \Delta t$, quale sarà la probabilità al tempo t di non default entro T (scadenza del titolo)?

Sia N(t) il processo di Poisson, ossia il numero aleatorio dei salti che si manifestano nell'intervallo temporale (0; T), tale numero può assumere soltanto valori interi maggiori di zero, e sia T la data di scadenza del titolo.

Per iniziare si considera la formula per il calcolo della probabilità che tra due generiche epoche τ e τ' dell'intervallo di analisi (con $\tau > \tau'$) si verifichino *n* variazioni, data appunto dalla seguente formula[11]:

$$\Pr\{N(\tau) - N(\tau') = n\} = e^{-\lambda(\tau-\tau')} \times \frac{(\lambda(\tau - \tau'))^n}{n!} \quad (2.9)$$

Dopodiché si utilizza la formula di cui sopra per individuare la probabilità al tempo t di non default entro T, considerando soltanto due possibili valori per l'ambito di analisi preso in esame: zero se non si realizza alcun salto nel processo per cui la società risulta solvente; ed uno nel caso contrario di salto e quindi di insolvenza. Tenuto conto di tale restrizione e riformulando la (2.9) otterremo la soluzione al nostro problema:

$$\Pr\{N(T) - N(t) = 0\} = e^{-\lambda(T-t)} \times \frac{(\lambda(T-t))^0}{0!} = e^{-\lambda(T-t)} \quad (2.10)$$

La (4.2) definisce quindi qual è la probabilità al tempo t che la società sopravvive sino alla maturità del debito T, subordinatamente alla condizione che il default non si sia verificato entro la data t.

---

[11] Una presentazione meno analitica del processo rispetto alle dimostrazioni presenti nei manuali di statistica, è stata preferita perché più conforme al nostro fine.

Il processo di Poisson, ampiamente utilizzato nei modelli in forma ridotta nell'obiettivo di rendere assolutamente imprevedibile l'evento di default ha trovato una sua applicazione anche nell'approccio strutturale da parte di autori guidati dalla finalità di superare quel limite di prevedibilità del default presente nel modello originale di Merton e tipico di svariati modelli strutturali.

2.5 PRINCIPIO DELLA VALUTAZIONE NEUTRALE VERSO IL RISCHIO

Il fondamento della valutazione degli strumenti finanziari è il principio di arbitraggio, cioè della possibilità di conseguire guadagni sicuri senza incorrere in alcun tipo di rischio. L'idea di base è che l'esclusione di queste possibilità di arbitraggio consentano di definire relazioni precise tra i prezzi delle attività finanziarie. Tra le svariate teorie di valutazione dei prodotti finanziarie sotto l'ipotesi di non arbitraggio, vedremo in particolare l'approccio di valutazione neutrale verso il rischio (*risk neutral valutation*).

È senza dubbio lo strumento più utilizzato per la valutazione di attività rischiose come derivati e bonds e trae origine da una proprietà fondamentale dell'equazione differenziale di Black–Scholes–Merton[12]: in questa equazione infatti non figurano variabili che sono influenzate dalla propensione al rischio degli investitori. Il fatto che le diverse variabili non dipendano dalla propensione al rischio, ci permette di ricorrere al seguente ragionamento. Se la propensione al rischio non

---

[12] L'equazione differenziale di Merton – Scholes – Merton deve essere soddisfatta dal prezzo di un qualsiasi derivato che dipende dal prezzo di un titolo che non paga dividendi. Ci sembra ragionevole richiamare brevemente i principi dell'option pricing theory se essa ha rappresentato il punto di partenza per svariati modelli strutturali.

compare nell'equazione, questa non è in grado di influenzare la soluzione, pertanto al fine di determinare il valore corrente di un derivato possiamo semplicemente assumere che tutti gli operatori siano neutrali verso il rischio. Ciò significa che in un mondo neutrale verso il rischio, gli investitori non richiedono alcun premio per il rischio, il tasso di rendimento di tutti i titoli è uguale al tasso privo di rischio e che quindi il valore attuale di ogni futuro pagamento può essere ottenuto attualizzandone il valore atteso al tasso privo di rischio.

Di seguito saranno brevemente chiariti i principi della valutazione neutrale verso il rischio.

Si consideri un'ipotetica economia con due sole attività, una rischiosa e l'altra risk free, dove il rischio è rappresentato da due possibili scenari o stati del mondo. Si supponga inoltre che l'attività rischiosa paghi \$3 e \$6 rispettivamente nei due scenari, a seconda dello stato che si realizzerà domani; l'attività sicura invece pagherà \$1 indipendentemente dallo stato che si manifesterà. Per scoprire il valore corrente di queste due attività occorre sapere quanto valgono oggi i dollari futuri, promessi nei due stati possibili. Supponiamo che un dollaro futuro nello stato 1 vale p_1 e che un dollaro nello stato 2 valga p_2. A questo punto potremmo considerare p_1 come il valore corrente di un titolo che paga \$1 nel caso occorra lo stato 1 e nulla nel caso si manifesti lo stato 2. Analogamente il valore p_2 può essere visto come il prezzo corrente di un titolo che paga \$1 nello stato 2 e nulla nello stato del mondo 1. Questi titoli sono spesso noti come i titoli Arrow-Debreu. In generale p_1 e p_2 possono essere diversi. Ipotizzando inoltre che nel secondo stato possibile del mondo si realizzerà una recessione, un dollaro aggiunto in tale scenario avrà sicuramente più valore rispetto ad un dollaro aggiunto nello stato 1. Per tale ragione il titolo che paga soltanto nello stato 2 avrà un valore maggiore rispetto al titolo che paga soltanto nello stato 1. In un'economia efficiente, come quella presa in considerazione, non dovrebbero esistere opportunità di arbitraggi e quindi non dovrebbe esistere alcun portafoglio composto da due attività che non costi nulla oggi e che garantisce una flusso positivo di dollari con certezza domani. Accade che, sotto l'ipotesi di assenza di opportunità di arbitraggi, è possibile collegare p_1 e p_2, il valore corrente delle due attività ai loro futuri *payoffs* tramite un sistema di semplici equazioni. Generalmente non si conosce il valore di p_1 e p_2 ma, dato il prezzo corrente delle due attività, tali valori possono essere calcolati implicitamente, oppure, alternativamente ricorrendo ai prezzi di strumenti derivati costruiti su tali attività.

Assumendo, per esempio che i prezzi attuali dell'attività rischiosa e di quella risk free siano rispettivamente \$4.2 e \$0.9 e data la struttura dei *payoffs*, l'assenza di arbitraggi suggerisce il seguente sistema di equazioni (2.11):

$$3p_1 + 6p_2 = 4.2$$

$$p_1 + p_2 = 0.9$$

Risolvendo le due equazioni, otterremo $p_1 = 0.4$ e $p_2 = 0.5$. Quindi il valore di mercato di \$1 ricevuto nello stato 1 è di 40 centesimi e quello di \$1 ricevuto nello stato 2 è di 50 centesimi. Si nota inoltre che il sistema di equazioni di sopra, ci suggerisce che le due attività possono essere viste come combinazione lineare dei titoli Arrow-Debreau e che i prezzi degli stessi titoli Arrow-Debreau sono positivi.

Una diversa equazione di valutazione può essere costruita con una piccola modifica algebrica del sistema visto sopra per ottenere ciò che è stata definita la relazione di valutazione neutrale al rischio. Sotto la valutazione neutrale al rischio, le probabilità reali sono corrette in modo che il rendimento medio di ogni attività (rischiosa e priva di rischio) sia definito dal tasso risk free. Il sistema di equazioni di cui sopra può essere così riscritto (2.12):

$$(p_1 + p_2)[\, 3\, p_1/(p_1 + p_2) + 6\, p_2/(p_1 + p_2)] = 4.2$$

$$(p_1 + p_2)[\, p_1/(p_1 + p_2) + p_2/(p_1 + p_2)] = 0.9$$

Si definiscano adesso due nuove variabili q_1 e q_2 tali che $q_1 = p_1/(p_1 + p_2)$ e $q_2 = p_2/(p_1 + p_2)$); che possono essere viste come delle probabilità poiché hanno entrambe valori positivi ed anche la loro somma è pari ad uno.

Si noti inoltre che il tasso di rendimento dell'attività risk free è $R = 1/(p_1 + p_2)$ poiché il prezzo corrente del titolo privo di rischio è appunto $p_1 + p_2$ ed esso pagherà con certezza \$1 domani. In termini di q_1 e q_2 e R, il sistema (2.12) può essere riscritto come (2.13):

$$(1/R)(\, 3q_1 + 6q_2\,) = 4.2$$

$$(1/R)(\, q_1 + q_2\,) = 0.9$$

Le equazioni di sopra indicano che il prezzo di un titolo valutato oggi (al tempo t) è dato:

$$V_t = (1/R)\, E^q\, (Vt_{+1})\ (2.14)$$

Dove $E^q(\,)$ indica il valore atteso sotto le probabilità martingale q_1 e q_2 e V_{t+1} rappresenta i *payoffs* futuri dell' attività.

L'espressione (2.14) è nota per la valutazione di un generico titolo sotto le probabilità risk neutral q_1 e q_2, dove il valore atteso dello stesso titolo non è altro che uguale al suo valore corrente moltiplicato per il tasso risk free R. In altre parole il rendimento medio atteso su ogni attività, sia essa rischiosa che priva di rischio, è proprio il tasso R.

Dunque q_1 e q_2 sono le probabilità *risk neutral* che, generalmente, si differenziano dalle probabilità reali di manifestazione dei due possibili stati del mondo. Infatti, le probabilità reali che sono ottenute mediante automazione di dati storici, dovranno essere "aggiustate" per ottenere quelle probabilità risk neutral utilizzate per la valutazione. Calcolare il valore di un asset rischioso come valore atteso scontato sotto le probabilità risk neutral è un importante principio di valutazione degli strumenti finanziari, largamente utilizzato nell'approccio reduced- form; valido inoltre, anche per i casi più generali, stati multipli ed orizzonti temporali più estesi.

Valutare sia derivati che titoli obbligazionari usando le probabilità risk neutral risulta algebricamente parlando, più facile oltre che più accessibile.

I MODELLI STRUTTURALI DI PRICING DEI CORPORATE BONDS

3.1 MODELLO DI MERTON

Una prima teoria razionale del rischio di credito, basata sull'economia finanziaria, è stata sviluppata agli inizi del 1974 come applicazione della *contingent claim analysis (option pricing)*. Una teoria, quest'ultima, che sviluppata agli inizi degli anni '70 dagli autori Black e Scholes[1] risultò particolarmente attrattiva per aver fissato una formula finale di pricing delle opzioni funzione di sole variabili "osservabili" sul mercato. Più tardi, Black, Scholes e Merton[2] riconobbero che lo stesso approccio opzionale poteva essere adottato per sviluppare una teoria di pricing per le obbligazioni societarie essendo delle particolari opzioni virtuali sul valore dell'azienda.

Nel lontano 1974, Merton elabora così un modello semplificato di pricing del debito societario costruito su un approccio opzionale che si fonda, sostanzialmente, sul ruolo del valore degli assets aziendali, condivisi tra le due principali classi di *claimholders: shareholders e bondholders.*

La straordinaria intuizione dell'autore di aver utilizzato i principi dell'*option pricing* per prezzare il rischio di default dei titoli a reddito fisso ha fatto sì che il suo modello fosse considerato, in un secondo tempo, il capostipite di una grande famiglia di modelli di valutazione.

La stessa celebrità è inoltre legata al fatto che tale modello ha rappresentato il primo tentativo di valutazione degli strumenti

---

[1] F. Black e M. Scholes: "The Pricing of Option and Liabilities", *Journal of Political Economy (May – June 1973)*

[2] R. C. Merton: "A Rational Theory of Option Pricing", *Bell Journal of Economics and Management Science (Spring 1973)*.

finanziari soggetti al rischio di default.

Fino allora, non esisteva una teoria per il pricing dei bonds caratterizzati da una significativa probabilità di default dell'emittente, quando invece, un elevato numero di teorie e di studi empirici sul ruolo della *term structure* sul prezzo dei titoli erano state già pubblicati.

Cosicché in un articolo intitolato *"On the Pricing of Corporate Debt: The Risk Structure of Interest Rate"*, Merton presentò, alla comunità di operatori finanziari, ciò che è stato lo schema generale per la valutazione delle obbligazioni societarie del suo modello.

Lo scopo del suddetto articolo era appunto di dimostrare che alla presenza di una data term structure dei tassi di interessi, le differenze di prezzo tra bonds potevano essere causate solamente dalle differenti probabilità di default delle rispettive società emittenti.

Prima di iniziare con la presentazione della logica del modello di Merton, si vuole innanzitutto precisare che il termine "rischio", che spesso ricorre nella trattazione dello stesso, fa riferimento alle possibili perdite e/o guadagni che il bondholder potrebbe conseguire a seguito di cambiamenti inattesi della probabilità di default e non invece alle perdite e/o guadagni dovuti ai cambiamenti inattesi dei tassi di interesse.

In più, sarebbe opportuno precisare i fattori che, secondo l'autore, influenzano in generale il valore del *corporate debt*. Nell'articolo si arguisce che il valore di una particolare classe di debito societario dipenderebbe essenzialmente da tre elementi:

- tasso di rendimento richiesto dal mercato sul debito risk free (cioè esenta dal rischio di default).

- clausole e restrizioni varie previste nel contratto finanziario (per esempio: scadenza, tasso cedolare, grado di subordinazione in caso di default, clausola di *callability* del titolo, clausola di *sinking fund* [3] ecc.).

- probabilità che la società emittente non sia in grado di soddisfare le richieste contrattuali dei creditori (cioè la probabilità di default).

Di seguito si procede, chiarendo il modo attraverso il quale, l'autore ha di fatto applicato i principi dell'option pricing nella valutazione dei titoli obbligazionari.

Il prezzamento di tali titoli è realizzato, considerando una situazione patrimoniale della società molto semplificata. Si ipotizza, infatti, di avere un'azienda la cui struttura del capitale presenta dal lato dell'attivo un certo ammontare di *assets* per un valore pari a V e dal lato del passivo, due sole fonti di finanziamento: capitale sociale immesso dagli azionisti E e capitale di debito, costituito da un'unica emissione zero-coupon interamente sottoscritta e per un valore nominale complessivo pari a D. Graficamente si ha:

ATTIVO AZIENDALE (V)	CAPITALE DI DEBITO (D)
	CAPITALE SOCIALE (E)

Alla scadenza del contratto finanziario, la società è perciò tenuta a rimborsare il capitale ottenuto in prestito.

---

[3] L'eventuale clausola di *callability* riconosce all'emittente la facoltà di redimere totalmente o parzialmente il debito, in anticipo rispetto alla data di scadenza.
Invece, la clausola di *sinking fund* precisa l'impegno dell'emittente di ripagare ogni anno una frazione del capitale, evitando così il rimborso dello stesso in unica soluzione al termine del rapporto creditizio.

Tuttavia due diverse alternative possono presentarsi: la prima si ha nel caso in cui, a scadenza, il valore dell'attivo aziendale risulta maggiore o uguale al valore facciale del debito; in tal caso i creditori riscuoteranno la somma promessa mentre gli azionisti potranno trattenere il capitale restante.

Una seconda situazione, opposta alla precedente, definita da un valore dell'attivo insufficiente a ripagare completamente il debito tale per cui, verrà inevitabilmente dichiarato lo stato di bancarotta in azienda e tramite liquidazione degli assets, si cercherà di adempiere alle obbligazioni assunte.

È evidente che nell'eventualità di default gli azionisti non otterranno nulla, mentre gli obbligazionisti riscuoteranno un valore residuo pari al valore di mercato dell'attivo sopportando, in tal modo, una perdita pari a $(D-V)$.

Per meglio evidenziare la natura opzionale delle due principali fonti di finanziamento si osservi che il *payoff* dell'azionista, e quindi il valore dell'equity, può essere assimilato al payoff di un'opzione europea del tipo *long call* con sottostante il valore degli assets V, prezzo di esercizio il valore nominale del debito D e scadenza coincidente con quella del debito medesimo. Similmente si osserva che alla scadenza del prestito, gli obbligazionisti riscuoteranno, in qualsiasi caso, la minore delle due quantità: valore nominale del debito D oppure il valore di mercato dell'azienda se minore V.

Per cui anche il payoff di un titolo obbligazionario rischioso assomiglia al payoff di un opzione iscritta sul valore degli assets.

Chiaramente il payoff del bondholder alla maturità risulta uguale alla differenza tra il valore nominale del titolo e il valore di un'opzione europea del tipo *short put* con strike price D e sottostante V [4].

---

[4] La posizione del bondholder è equiparata a quella di colui acquista un titolo risk free e contestualmente vende un'opzione put iscritta sugli assets

Grazie a tale intuizione, di indubbia originalità, e sotto svariate ipotesi necessarie per portare avanti il lavoro iniziato da Black&Scholes, Merton derivò una formula chiusa per la valutazione di titoli obbligazionari rischiosi.

Le assunzioni richieste per favorire l'applicazione della teoria standard *dell'option pricing* nel mondo del credit risk, sono state le seguenti:

Assunzione 1: *Il mercato è privo di frizioni; non esistono costi di transazioni, tasse, opportunità di arbitraggi, né problemi legati all'indivisibilità degli assets aziendali.*

Assunzione 2: *Esiste un numero di investitori che dispongono di un livello di ricchezza comparabile, tale per cui possono acquistare o vendere la quantità desiderata di un asset al prezzo di mercato. I soggetti che operano nel mercato sono dunque dei price taker.*

Assunzione 3: *Assenza degli spread denaro-lettera e di asimmetrie informative tra i tassi di interesse. Esiste cioè un solo tasso di interesse sia per dare che per prendere a prestito il denaro.*

Assunzione 4: *Sono consentite le vendite allo scoperto di un qualsiasi asset.*

Assunzione 5: *La negoziazione degli assets avviene nel continuo.*

Assunzione 6: *È valido il teorema di Modigliani-Miller[5] secondo cui il valore della società è sempre lo stesso pur in ipotesi di diverse strutture del capitale.*

Assunzione 7: *La Term Structure dei tassi di interesse risk free è piatta e*

---

aziendali; per cui il payoff del bond rischioso alla scadenza sarà uguale al $\min (V - D) = D - \max (D - V; 0)$.

[5] La prima proposizione di MM (in assenza di imposte): il valore dell'impresa indebitata è uguale al valore dell'impresa priva di debito dipende dall'assunzione fondamentale che gli individui possano indebitarsi allo stesso tasso delle società.

nota con certezza. Come dire che il prezzo di uno zero-coupon risk free che promette di pagare $1 alla scadenza futura τ è dato dalla seguente formula:

$$P(\tau) = exp[- r\tau]$$

Dove r è il tasso di interesse istantaneo privo di rischio, uguale per tutte le scadenze.

Assunzione 8: *La dinamica del valore dell'azienda V nel tempo può essere descritta da un processo stocastico diffusivo con la seguente equazione stocastica differenziale:*

$$dV = (\alpha V - C)dt + \sigma V dz \quad (3.1)$$

Dove

α: è il tasso istantaneo di rendimento atteso sull'azienda per unità di tempo;

C: è il *payout* in dollari dell'azienda per unità di tempo, sia per gli azionisti che per gli obbligazionisti (cioè dividendi e/o interessi) se positivo, invece, se negativo è l'importo in dollari ricevuto dall'azienda sotto forma di nuovi finanziamenti.

σ: è la deviazione standard istantanea del tasso di rendimento sull'azienda per unità di tempo.

dz: è il processo standard del tipo Gauss-Wiener.

A primo impatto tali assunzioni possono sembrare eccessive o troppo stringenti, ma, sicuramente, non tutte sono così necessarie per garantirne il funzionamento del modello o per confermarne la sua validità. Molte di esse, infatti, pur non essendo così essenziali, sono state inserite dall'autore semplicemente per rendere l'esposizione più fruibile e conveniente.

Ed infatti:

• le assunzioni sull'esistenza di un mercato perfetto (A.1- A.4) possono essere sostanzialmente ridimensionate.

• la A.7 è stata scelta per evidenziare chiaramente e quindi per separare gli effetti delle variazioni dei tassi di interesse sul prezzo del titolo. In questo caso, grazie all'assunzione siffatta, tali effetti sono resi nulli nell'obiettivo appunto di studiare il solo impatto del rischio di credito sul prezzo.

• Al contrario le due assunzioni A.5 e A.8 sono fondamentali per il modello. Sostanzialmente la A.5 richiede che il mercato per la negoziazione di tali titoli sia aperto per la maggior parte di tempo. La A.8 richiede invece, che i movimenti del prezzo avvengano nel continuo oltre che, i rendimenti sui titoli siano serialmente indipendenti, coerente così con l'ipotesi di mercato efficiente di Fama e Samuelson[6].

Per meglio comprendere la formula finale di pricing dei *corporate bonds* presentataci nel modello, è necessario, dapprima considerare l'equazione più generale di Merton che può essere adottata per il pricing di un qualsiasi titolo emesso dalla stessa società.

Si supponga a tal proposito che esista un titolo con valore di mercato (Y) che, in un qualsiasi momento possa essere scritto come funzione del valore dell'azienda e del tempo: $Y = F(V,t)$. La dinamica del valore di tale titolo può essere, formalmente rappresentata da un'equazione stocastica del tipo:

$$dY = [\alpha_Y - C_Y]dt + \sigma_Y Y dz_Y \quad (3.2)$$

Dove

α_Y è il tasso di rendimento istantaneo atteso per unità di tempo sul titolo;

C è il payout in dollari per unità di tempo, specifico del titolo;

---

[6] Ovviamente tale assunzione non esclude una dipendenza seriale nei guadagni dell'azienda.

σ_Y è la deviazione standard istantanea del rendimento del titolo per unità di tempo;

dz_Y è il processo standard di Gauss-Wiener.

Inoltre, tenuto conto che il valore del titolo Y è funzione oltre che del tempo, anche del valore aziendale V, dovrà allora esistere una qualche relazione esplicita tra le variabili α_Y, σ_Y, dz_Y della (3.2) e le corrispondenti variabili indicate nell'assunzione A.8. In particolare utilizzando il lemma di Ito, la dinamica del valore del titolo Y può essere descritta dalla seguente formula:

$$dY = F_V dV + \frac{1}{2} F_{VV} (dV)^2 + F_T \quad (3.3)$$

$$= \left[\frac{1}{2} \sigma^2 V^2 F_{vv}^2 + (\alpha V - C) F_v + F_t \right] dt + \sigma V F_v dz$$

Dove gli indici rappresentano le derivate parziali rispetto alla variabile presa in considerazione.

Confrontando la (3.2) e la (3.3) si ha che:

$$\alpha_Y Y = \alpha_Y F \equiv \frac{1}{2} \sigma^2 V^2 F_{VV} + (\alpha V - C) F_V + F_t + C_Y$$

$$\alpha_Y = \alpha_Y F \equiv \sigma V F_V$$

$$dz_Y = dz \quad (3.4)$$

Da quest'ultima equazione si osserva che i tassi di rendimento istantanei su Y e su V sono perfettamente correlati.

La derivazione della formula di Merton dalla teoria standard di pricing delle opzioni di Black & Scholes, considera, a questo punto, un portafoglio composto da tre particolari titoli: il valore dell'azienda V ; il particolare titolo Y; il titolo rappresentativo del debito privo di rischio.

Si vuole inoltre che il valore dell'investimento effettuato su ogni strumento sia tale per cui l'investimento aggregato di portafoglio abbia valore zero; questo risultato è conseguibile sfruttando l'assunzione sull'ammissibilità delle vendite allo scoperto e finanziando gli acquisti mediante prestito.

Poniamo che W_1, sia il numero di dollari investito istantaneamente in azienda, W_2 sia il numero di dollari investito nel titolo Y e W_3 il numero di dollari investito nel titolo privo di rischio pari a $W_3 = -(W_1 + W_2)$;allora il rendimento istantaneo di portafoglio dx è così ottenuto:

$$dx = W_1 \frac{(dV + Cdt)}{V} + W_2 \frac{(dY + C_y dt)}{Y} + W_3 r dt \quad (3.5)$$

Scegliendo opportunamente la strategia di portafoglio W_1, W_2, W_3, in modo che il coefficiente dz sia sempre zero, vale a dire, che il rendimento di portafoglio non sia influenzato da variabili stocastiche (dz), e tenuto conto, inoltre, del fatto che l'investimento aggregato di portafoglio è zero, l'unico tasso di rendimento atteso di portafoglio accettabile per questa strategia in condizioni di non arbitraggio è proprio zero, coerente perciò con quanto era stato inizialmente investito.

Nell'obiettivo quindi di individuare la composizione ottimale di portafoglio che soddisfa le due condizioni di non-arbitraggio e di indipendenza del rendimento aggregato da variabili stocastiche, si giunge alla seguente equazione generale di pricing:

$$0 = \frac{1}{2}\sigma^2 V^2 F_{vv} + (rV - C)F_v - rF + F_t + C_y \quad (3.6)$$

È una generica equazione differenziale per F che deve essere soddisfatta da qualsiasi titolo il cui valore può essere determinato come funzione del tempo e del valore aziendale. Di certo è una formula generale la cui presentazione andrebbe completata con la specificazione di ulteriori condizioni iniziali e di contorno che ci permetterebbero così di adattarla al tipo di titolo sottoposto a valutazione (titolo del debito o titolo dell'equity).

A questo punto, dopo aver ottenuto la formula generale di pricing valida per un generico strumento emesso dalla società, dovremmo tentare di definire un'applicazione della suddetta formula al caso specifico del pricing dei *corporate bonds*.

Consideriamo così un'impresa con due soli fonti di finanziamento: capitale di debito e capitale di rischio ed inoltre supponiamo che il contratto relativo all'emissione obbligazionaria contenga le seguenti restrizioni:

1) la promessa della società di pagare interamente il valore nominale del titolo alla data di scadenza T;

2) la possibilità che nell'eventualità che il debito non venga onorato, il detentore del titolo potrà entrare immediatamente in possesso della società mentre l'azionista non otterrà nulla;

3) il limite per cui l'azienda non può emettere nuovo debito, pagare dividendi né riscattare le proprie azioni prima che il debito sia giunto a scadenza.

Data la generica equazione differenziale di pricing, possiamo rappresentare il valore del debito emesso F con la formula:

$$\frac{1}{2}\sigma^2 V^2 F_{vv} + rVF_v - rF - F_\tau = 0 \quad (3.7)$$

Dove

$C_y = 0$ essendo che la nostra emissione ha per oggetto *bonds* zero-coupon, il piano di rimborso non prevede pagamenti periodici di flussi cedolari;

$C = 0$ per le restrizioni in capo all'azienda viste di sopra (punto 3);

$\tau = T- t$ è la lunghezza dell'intervallo di tempo sino alla scadenza in modo che

$F_t = - F_\tau$.

Tuttavia per determinare il valore dell'emissione dovranno essere specificate due ulteriori condizioni di contorno ed una condizione iniziale. Le due condizioni di contorno derivano dalle caratteristiche del titolo e dall'impossibilità di emettere nuovo debito per l'impresa.

Per definizione si ha che:

$$V \equiv F(V,\tau) + f(V,\tau) \quad (3.8)$$

Dove f è il valore dell'equity. Inoltre, dal momento che, sia F che f possono assumere, per definizione, soltanto valori non-negativi, si ha che:

$$F(0,\tau) = f(0,\tau) = 0 \quad (3.9)$$

ed anche

$$F(V,\tau) \leq V \quad (3.10)$$

Da cui si ricava infine che $0 \leq V \leq \infty$.

La condizione iniziale $F(V,0) = \min(V,D)$ con $\tau = 0$, deriva direttamente dalle restrizioni viste sopra (punto 1 e 2) e dal fatto che il management, eletto dagli azionisti, dovrà agire nel loro interesse pena la perdita del posto in azienda.

Alla maturità del debito T, per cui $\tau = 0$, sappiamo che l'azienda potrà rimborsare il valore nominale dell'emissione ai detentori di obbligazioni se e solo se $[V(T) - D > 0]$; in caso contrario $[V(T) - D < 0]$, l'azienda non disporrà delle risorse finanziarie necessarie ad effettuare i pagamenti promessi e dovrà necessariamente dichiarare lo stato di bancarotta oppure richiedere agli azionisti ulteriori iniezioni di capitale.

Data l'equazione iniziale e sfruttando le tre condizioni (3.8), (3.9), (3.10), possiamo ricavare $f(V,t)$ da:

$$f(V,t) = V - F(V,\tau) \quad (3.11)$$

sostituendo F, otteniamo la seguente equazione differenziale per f:

$$\frac{1}{2}\sigma^2 V^2 f_{vv} + rVf_v - rf - f_\tau = 0 \quad (3.12)$$

data la condizione $f(V,0) = \max(0, V - D) \quad (3.13)$

Si osserva che le (3.12) e (3.13) coincidono con le equazioni di un opzione europea di tipo *call* iscritta su un titolo azionario che non paga dividendi dove il valore del debito D corrisponde al prezzo di esercizio e il valore dell'azienda V corrisponde al prezzo dell'attività sottostante. Come dire che le azioni equivalgono ad una *call* scritta sul valore delle attività aziendali, con prezzo di esercizio D e scadenza al tempo T.

A questo punto ci sembra chiara la procedura attraverso cui l'intuizione di Merton di assimilare il valore delle fonti di finanziamento di una semplificata struttura del capitale equity e debito al valore degli strumenti opzioni sia stata messa in pratica.

Ricordando la formula di Black & Scholes dove cinque sono i fattori che influenzano il prezzo delle opzioni: il prezzo corrente dell'azione, il prezzo di esercizio, la data di scadenza, la volatilità del prezzo dell'azione e il tasso di interesse privo di rischio; ne segue che il valore corrente dell'equity è pari a (3.14):

$$f(V,\tau) = VN(x_1) - De^{-r\tau} N(x_2)$$

$$\text{con } x_1 = \frac{\log(V/D) + (r + \sigma_V^2/2)\tau}{\sigma_V \sqrt{\tau}}$$

$$x_2 = x_1 - \sigma_V \sqrt{\tau}$$

In definitiva il valore dell'equity, $E = f(D,V,\sigma_v,T,r)$, risulta funzione di sei variabili non tutte, però, direttamente osservabili sul mercato. Ed infatti se:

• E è il valore corrente dell'equity direttamente osservabile nel caso di società quotate; • D, T, r, rappresentano rispettivamente il valore facciale del debito, la scadenza del debito ed il tasso di interesse privo di rischio; valori comunque direttamente osservabili; • V e σ_V sono le due incognite del nostro problema. Nessuno di questi due valori è direttamente osservabile, tuttavia possiamo osservare direttamente E, ciò vuol dire che V e σ_V dovranno soddisfare la (3.14), ed anche stimare σ_E che permette così di inserire una seconda relazione che esprime il legame teorico tra la volatilità del valore di mercato dell'equity e la volatilità del valore dell'attivo aziendale:

$$\sigma_E = f(D,V,\sigma_V,T,r) \quad (3.15)$$

Si osserva che nelle due equazioni (3.14), (3.15) figurano le medesime incognite V e σ_V, mentre tutte le altre variabili risultano note. É dunque garantita la risolvibilità del sistema a due incognite che ci permetterà di ottenere i due valori: valore dell'attivo aziendale e volatilità del loro rendimento, utili nel modello di pricing dei titoli rischiosi per determinare quanto l'azienda è vicino al default, ovvero la sua probabilità di default (che si ha se V alla scadenza T, è minore di D, quindi pari a $N(-x_2)$).

La formula di pricing finale del debito societario formulata da Merton si presenta molto complessa ed, infatti, la sua alta astrazione dalla realtà concreta ha rappresentato l'ostacolo più grande per una sua applicazione concreta. Ad ogni modo si è cercato di individuarla, proseguendo per piccoli passi nell'obiettivo di favorirne una rappresentazione quanto più chiara e lineare.

Data la formula per il valore di un opzione (3.14) e nel rispetto del vincolo di bilancio $F = V - f$; il valore del debito societario può essere definito dalla seguente formula:

$$F(V,\tau) = De^{-r\tau}\left\{ N\left[h_2\left(d,\sigma^2\tau\right)\right] + \frac{1}{d} N\left[h_1\left(d,\sigma^2\tau\right)\right]\right\} \quad (3.16)$$

dove

$N(\ )$ è la distribuzione cumulata di probabilità di una Normale calcolata in h_1 e h_2;

$$d \equiv De^{-r\tau}/V$$

$$h_1(d,\sigma^2\tau) \equiv -\left[\frac{1}{2}\sigma^2\tau - \log(d)\right]\Big/ \sigma\sqrt{\tau}$$

$$h_2(d,\sigma^2\tau) \equiv -\left[\frac{1}{2}\sigma^2\tau + \log(d)\right]\Big/ \sigma\sqrt{\tau}$$

La formula di pricing (3.16) ottenuta nel rispetto di tutte le ipotesi elencate all'inizio della nostra trattazione, ci dimostra che il valore del capitale di debito, come il valore del capitale di rischio siano funzione delle medesime variabili:• il valore delle attività aziendali, calcolato attualizzando secondo un tasso risk free tutti i flussi futuri di cassa prodotti dalla società, al lordo degli oneri finanziari (principio della valutazione neutrale verso il rischio); • il grado di rischio dell'attivo, definito dal livello di volatilità del suo valore di mercato; • il valore del debito, consistente nel valore contabile delle passività aziendali calcolato in base al valore con cui sono iscritte in bilancio; • il *time to maturity* ossia l'intervallo di tempo intercorrente tra la data di valutazione e la data di scadenza del debito;• il tasso di interesse privo di rischio.

Possiamo così riscrivere l'equazione (3.16) in modo più sintetico nell'obiettivo di evidenziare tali dipendenze:

$$F(V,D,\sigma^2,\tau,r)$$

Merton inoltre ci suggerisce lo studio delle derivate parziali di tale funzione per rendere ancora più evidenti le conclusioni del suo lavoro.

$$F_V = 1 - f_V \geq 0;$$

$$F_D = -f_D > 0;$$

$$F_\tau = -f_\tau < 0; \qquad (3.17)$$

$$F_{\sigma^2} = -f_{\sigma^2} < 0;$$

$$F_r = -f_r < 0.$$

I risultati ottenuti attraverso un approccio di tipo matematico dimostrano ciò che comunque ci si aspettava per il valore di titolo zero coupon, e cioè che il suo prezzo è direttamente proporzionale al valore aziendale e al pagamento promesso a scadenza; ed invece, inversamente proporzionale al *time to maturity*, al tasso di interesse risk free e al grado di rischio di impresa *(business risk)*.

Sovente la valutazione dei *corporate bonds* viene realizzata in termini di rendimenti, per cui la formula di sopra (3.16), può essere riscritta esplicitando il tasso di interesse nel seguente modo:

$$R(\tau) - r = -\frac{1}{\tau} \log\left\{ N\big[h_2\big(d, \sigma^2\tau\big)\big] + \frac{1}{d} N\big[h_1\big(d, \sigma^2\tau\big)\big] \right\} \quad (3.18)$$

dove $\exp[-R(\tau)\tau] \equiv F(V, \tau)/D$

$R(\tau)$ è il tasso di interesse *(yield to maturity)* pagato sul debito rischioso purchè la società non fallisca. Naturalmente il rendimento di un titolo rischioso dovrà essere superiore a quello di un titolo con analoga maturity ma *default free risk*, perché l'investitore, avverso al rischio, possa essere ricompensato del maggior rischio sopportato (si fa riferimento al rischio di default), altrimenti non deciderà di investire in tali titoli essendo appunto più rischiosi.

È dunque ragionevole introdurre il concetto di *credit spread del titolo default bond* $(R(\tau) - r)$, definito dal differenziale tra il rendimento di un titolo rischioso e il rendimento di un titolo privo di rischio, che rappresenta appunto la remunerazione aggiuntiva o il premio che spetta all'investitore per il rischio di default assunto. L'equazione (3.18) definisce così la struttura rischiosa dei tassi di interesse.

Definire un modello di pricing del rischio di credito significa, perciò, poter derivare una term structure dei *credit spread* coerente e vicina a quella ottenuta direttamente dalle informazioni del mercato, pur considerando strutture di capitale più o meno complesse.

Nel modello di Merton il livello dei *credit spread* è funzione di due sole variabili: il grado di leverage *d* della società, misurato dal rapporto tra il valore attuale del debito scontato al tasso privo di rischio e il valore dell'azienda; e la volatilità dei rendimenti delle attività aziendali, σ_V^2. È quindi del tutto logico aspettarsi dinanzi un incremento del fattore *d*, come della volatilità σ_V^2, un contestuale ampliamento del credit spread del titolo. Infatti, al crescere del livello di indebitamento, cresce la probabilità di default che si rifletterà in un incremento del credit spread. Similmente un aumento della volatilità del valore dell'attivo aziendale provoca un innalzamento della probabilità di insolvenza, ampliando così il credit spread.

Nel modello di Merton la struttura a termine dei credit spread dipenderà sostanzialmente dalla qualità del merito creditizio dell'emittente. Ed infatti la stessa qualità creditizia è misurata dal rapporto tra debito e valore aziendale: alti livelli di indebitamento danneggiano la qualità del credito cosicché la probabilità di insolvenza aumenta. In particolare, nel modello studiato si osserva come la medesima term structure risulti inclinata positivamente per le società *high credit quality;* inclinata negativamente per le *low credit quality;* ed invece per quelle società con un livello di qualità creditizia intermedia la term structure assume una forma a gobba, prima crescente e poi decrescente. Graficamente:

Figura 3.2

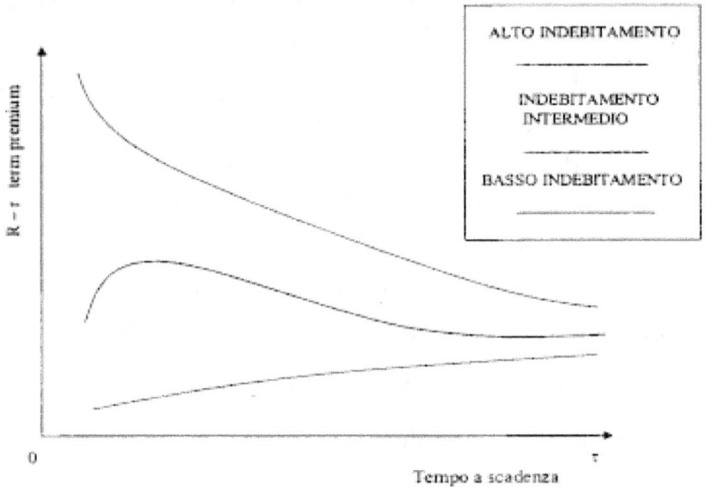

A questo punto viene del tutto naturale chiedersi perché le forme di term structure descritte nel modello di Merton dovrebbero essere considerate attendibili? La risposta a tale domanda andrebbe individuata nel fatto che il valore di un *default-risky bond* dipenderebbe dalla probabilità di default della società, a sua volta legata al valore del suo attivo. Siffatta premessa ci permette così di trovare una qualche spiegazione a questi modelli di term structure non così scontati. Se dunque allo stato corrente la società gode di un livello di qualità creditizia elevato, l'impatto di un futuro miglioramento del valore dell'azienda e quindi della credit quality sul valore del bond è limitato, dato che l'obbligazione a scadenza restituirà non più del suo valore nominale. Ed inoltre, con il trascorrere del tempo la credit quality dell'azienda potrebbe peggiorare, determinando così un aumento della probabilità di default. In sintesi, è come dire che il potenziale rialzo di valore è limitato, mentre la sua diminuzione potrebbe essere significativa al passare del tempo. Come risultato di quanto detto si ha che i credit spread per i *high quality bonds* saranno maggiori per le scadenze più lontane.

Lo stesso ragionamento può essere fatto per le società con una scadente qualità del credito tale per cui il rischio di ribasso del valore del bonds risulterà piuttosto limitato ed invece il potenziale di rialzo potrà essere notevole perché legato alle vicende dell'azienda lungo la sua esistenza. In tal caso ci si aspetta che i livelli di credit spread si riducono per scadenze più lontane.

L'evidenza empirica riguardo la forma della term structure in funzione della qualità del credito presenta dei risultati per così dire misti. I lavori di Sarig e Warga (1989), come quello di Fons (1994) supportano la teoria di Merton sulle relazioni esistenti tra credit quality e term structure; altri lavori, che hanno esaminato i bonds emessi dalla stessa società con diverse scadenze, hanno dimostrato, invece, che anche la term structure di società con una scarsa capacità creditizia poteva assumere una forma inclinata positivamente.

Il tutto ci vuole suggerire che non possiamo definire a priori forme standard di term structure a seconda del livello di qualità creditizia della società, ma semmai che ogni emissione vada considerata un caso a se stante.

Sicuramente un importante aspetto dei modelli di valutazione dei *bonds* rischiosi è legato alla definizione di una *term structure dei credit spread.* Ed infatti, se la term structure dei tassi di interesse dei titoli di Stato mostra come i rendimenti dei titoli zero-coupon varino a seconda delle rispettive scadenze; la term structure dei credit spread descrive invece la relazione tra i credit spread dei *defaultable bonds* e le scadenze. È opportuno confermare che l'importanza dello studio della struttura a termine dei credit spread non si dispiega soltanto in ambito di valutazione degli strumenti rischiosi dove il credit spread rappresenta ancora oggi un importante misura della rischiosità di un bonds, assume, altresì, una sua rilevanza finanche nell'ambito della funzione di risk management di istituzioni finanziarie, con riguardo a decisioni inerenti l'allocazione del capitale per gli strumenti finanziari soggetti al rischio di credito.

Finora abbiamo affrontato lo studio del modello di Merton con la considerazione di soli titoli zero coupon, cioè privi di flussi cedolari periodici.

Ebbene, si vuole adesso trovare un'applicazione della formula (3.16), per il pricing di obbligazioni con cedole, al fine così di favorirne un suo adattamento per una più ampia gamma di strumenti finanziari rischiosi.

Se il nostro obiettivo fosse stato semplicemente di valutare un titolo obbligazionario *default free* con cedole, l'analisi avrebbe richiesto l'utilizzo della sola term structure degli zero-coupon. Ed infatti sfruttando l'idea di Fisher (1930) di considerare un titolo con cedola come un portafoglio di titoli zero-coupon tale per in cui ogni flusso di cassa viene equiparato ad un titolo di puro sconto, il valore di una generica obbligazione con cedole risulta dato dalla somma dei prezzi di mercato di ciascun mini titolo .

Tuttavia una formula così semplice ed immediata non esiste nel caso in cui la valutazione ha per oggetto i titoli rischiosi, visto che, se l'azienda dichiara lo stato di default in una data epoca, tutti i pagamenti successivi (flussi cedolari e valore nominale compreso), previsti dal piano di rimborso, non saranno effettuati. Perciò il mancato pagamento di un flusso cedolare (visto come una sorta di "mini"bonds che presi tutti insieme formano l'obbligazione principale) non risulterà indipendente dal mancato pagamento del mini bond associato ad una scadenza successiva.

Lo schema elaborato di sopra per i titoli rischiosi e privi di cedole risulta ad ogni modo adatto anche per risolvere il problema della valutazione dei risky coupon bonds.

Si riprendono, infatti, le stesse ipotesi di struttura del capitale semplificata, le stesse restrizioni stabilite nel contratto finanziario ed inoltre si richiede un'ulteriore condizione: il pagamento nel continuo di una cedola $\overline{C}$, calcolata ugualmente in termini percentuali sul valore nominale del debito.

Dalla restrizione al punto 3 e date le identità (3.4), si ha che $C = C_Y = \overline{C}$ ed anche, che il valore del bond rischioso con cedole soddisferà la seguente equazione:

$$0 = \frac{1}{2}\sigma^2 V^2 f_{vv} + \left(rV - \overline{C}\right)F_V - rF - F_\tau + \overline{C} \quad (3.19)$$

Dove

$\overline{C} \neq 0$. Inoltre le condizioni di contorno sono le stesse di quelle trattate nella formula precedente, per cui l'equazione corrispondente per l'equity sarà:

$$0 = \frac{1}{2}\sigma^2 V^2 f_{vv} + \left(rV - \overline{C}\right)f_v - rf - f_\tau \quad (3.20)$$

Soggetta alle condizioni di contorno (3.9, (3,10), (3.13).

Anche la formula (3.20), presenta una corrispondenza con la teoria dell'*option pricing*; è, difatti, identica all'equazione relativa il valore di un'opzione *call* europea iscritta su un'azione che paga dividendi secondo un tasso continuo $\overline{C}$.

Tuttavia non esiste ancora una soluzione in forma chiusa per tale equazione nell'ipotesi di τ finito. Diversamente, nel caso particolare di titolo con durata perpetua $(\tau = \infty)$, una soluzione in forma chiusa è stata accertata, tuttavia, l'ipotesi di vita perpetua appare assai limitante perché sostanzialmente irreale.

L'autore osserva che, per tutti quei casi in cui non sono state ancora trovate soluzioni in forma chiusa, il problema non esiste perché innumerevoli sforzi si stanno compiendo per elaborare efficaci tecniche integrative nell'obiettivo di individuare comunque una qualche soluzione.

Ed inoltre, anche se la formula di pricing (3.19) è stata trovata assumendo il pagamento continuo di cedole per un ammontare pari a $\overline{C}$, quando invece nella realtà tipicamente il pagamento delle cedole avviene su base semestrale o annuale, ciò non rappresenta un limite dal momento che la condizione può essere superata mediante semplici accorgimenti di natura algebrica.

Nonostante la sua semplicità teorica, il modello di Merton soffre di svariati limiti di notevole portata.

Il primo in assoluto fa riferimento alla possibilità che l'insolvenza possa manifestarsi soltanto alla scadenza del debito. Infatti, per definizione il default si ha quando la società non dispone di mezzi finanziari necessari per adempiere ai pagamenti promessi e cioè quando il valore dell'attivo aziendale sarà inferiore a quello delle passività. Di fatto nel modello di Merton il default è guidato dal valore dell'attivo ed è quindi legato alla variabilità di tale valore. Nel caso specifico abbiamo ipotizzato una sola classe di debito societario rappresentata dall'emissione di titoli zero-coupon, ove l'unico pagamento è previsto alla scadenza. Se dunque l'unico pagamento è richiesto alla scadenza, ne segue che soltanto alla scadenza del debito

T, l'impresa potrebbe scarseggiare di mezzi finanziari e quindi l'insolvenza potrebbe manifestarsi.

Inoltre se solamente alla scadenza del debito si potrà dichiarare il fallimento ne deriva che lo stesso evento di default sarà caratterizzato da un livello di imprevedibilità irrisorio; non si può infatti parlare di "rischio" se l'evento perde la sua incertezza, se l'evento non è una *sudden surprise*.

La perdita dell'incertezza è dovuta in secondo luogo all'assunzione relativa il valore dell'attivo nel tempo. L'aver ipotizzato che l'evoluzione del valore aziendale segua un moto geometrico browniano, tale per cui, noti tutti i parametri di tale processo stocastico, sarà possibile ricavare la distribuzione futura del valore degli assets cui è legata la probabilità di default, ha reso il *timing* del default in un certo qual modo prevedibile e non di certo una sorpresa.

Un'ulteriore limitazione è legata al fatto che il modello è stato elaborato per la valutazione di defaultable bonds emessi da società con una struttura del capitale molto semplificata. Nel caso di strutture più complesse caratterizzate dalla presenza di più classe di debito si dovrà, in tal caso, considerare il rispetto della regola della priorità assoluta. Il modello di Merton assume, infatti, implicitamente che nell'eventualità di default, i debiti saranno ripagati nel rispetto del loro grado di priorità *(absolute-priority rule)*. Tuttavia l'evidenza empirica condotta da alcuni ricercatori quali ad esempio Franks e Torous (1989,1994) ha dimostrato come nella realtà, al verificarsi del default, la regola della priorità assoluta sia spesso violata.

La modalità prescelta per il rimborso del debito è sovente il risultato di scelte di natura strategica e di accordi tra le diverse parti interessate, nell'obiettivo ultimo di ridurne l'entità delle conseguenze connesse al default.

Per quanto riguarda l'ipotesi di term structure dei tassi di interesse piatta e stabile nel tempo, introdotta sicuramente al fine di evidenziare con maggiore incisività l'impatto del rischio di credito sul valore del titolo rischioso, non può certamente essere accettata in silenzio senza almeno dire che le variazioni dei tassi di interesse influenzano tanto il valore dell'attivo aziendale, con impatto anche sulla probabilità di insolvenza, quanto il prezzo del titolo. Di certo, lo studio del valore di uno strumento finanziario non potrà essere compiuto indipendentemente dagli effetti del rischio di interesse o considerando separatamente le due principali categorie di rischio. Il rischio di credito è di per sé legato all'evoluzione dei tassi di interesse.

Un ulteriore problema del modello è dovuto alla determinazione del valore della società. Seppure sia un importante input per la formula di valutazione da cui derivare infatti la probabilità di default e quindi il valore del bonds, non è però, facilmente ricavabile. Per quanto apparentemente semplice da calcolare applicando la formula di pricing delle opzioni, è in realtà abbastanza difficile da osservare. Approssimativamente, si può pensare il valore di mercato dell'azienda dato dalla somma tra le due componenti: il valore di mercato dell'equity e il valore di mercato del debito. In tal modo commetteremo però degli errori di stima dal momento che ometteremo di considerare sia il valore di forme di debito difficilmente valutabili perché di ridotte dimensioni risultano poco negoziate sia quello di elementi intangibili quali appunto marchi e brevetti per natura inosservabili se non in operazioni di finanza straordinaria di fusioni e acquisizioni.

Un altro aspetto del modello, oggetto di critica è stata la notevole sottostima degli spread calcolati su brevi orizzonti temporali (si parla soltanto di spread a breve perché il modello ha fatto riferimento solo a forme di debito zero-coupon che per definizione hanno una scadenza di breve termine). La sottostima degli spread, è forse dovuta alle ipotesi di partenza: sotto l'ipotesi che il valore dell'attivo si distribuisca secondo una lognormale, la probabilità che tale valore sia significativamente al di sotto della soglia di default dopo soltanto un breve periodo, sarà bassa; come l'aver considerato un'unica classe di debito di zero-coupon ed un'unica tipologia di equity.

Si vuole infine chiarire la modalità di determinazione dei *recovery rates* nel modello di Merton. Riprendendo l'intuizione dell'autore secondo la quale il default si manifesterebbe solamente alla scadenza del debito e che il tal caso i creditori incasserebbero la minore delle due quantità: valore dell' attivo aziendale e valore nominale del debito; ne segue perciò che tanto la probabilità default quanto i *recovery rates* dipendono dalle caratteristiche strutturali della società, ovvero dalla volatilità degli assets *(business risk)* e dal grado di leverage *(financial risk)*. Quanto detto ci porta a concludere che se il payoff del credito è definito in funzione del valore residuo dell'attivo aziendale, allora i *recovery rates* non sono altro che variabili endogene. Si conclude confermando che in tale modello le due variabili di fondamentale importanza per il pricing, probabilità di default e tassi di recupero, risultano essere inversamente legate. Infatti, se ad esempio il valore aziendale cresce, la probabilità di insolvenza tenderà a ridursi mentre il tasso di recupero ad innalzarsi. Così come, se aumenta il livello di indebitamento in azienda, la probabilità di default tenderà ad aumentare mentre i tassi di recupero tenderanno a diminuire.

Sicuramente difetti così grandi hanno stimolato lo sviluppo di modelli di valutazione più concreti. Tuttavia non possiamo non riconoscere in Merton il grande merito di essere stato il primo studioso ad affrontare un problema, ancora adesso di assoluta importanza, mediante l'elaborazione di un modello che, oggi, è considerato il capostipite dell'approccio strutturale.

3.2 IL MODELLO DI COX, BLACK

Capitolo 3

La straordinaria intuizione di Merton, nonostante abbia realizzato una semplificazione estrema della realtà, è stata la base per svariati lavori successivi. Ed infatti, numerosi sono stati in letteratura gli sforzi compiuti dagli studiosi nel tentativo di ridefinire lo schema base di Merton, rimuovendo di volta in volta una o più delle sue irreali e restrittive assunzioni di partenza.

Nel modello di Cox e Black è evidente il tentativo di definire una formula di pricing per i titoli rischiosi del tipo zero-coupon in grado però di considerare l'impatto di eventuali *safety covenants*, di eventuali forme di subordinazione del debito e di restrizioni in generale sulla vendita degli assets.

Proprio in un articolo del Journal of Finance (1976): *"Valuing Corporate Securities: Some Effects Of Bonds Indenture Provisions"*, Black e Scholes, oltre a presentare un modello di equilibrio per la valutazione delle opzioni, individuano uno schema generale che, potenzialmente, avrebbe potuto essere applicato per la valutazione delle obbligazioni societarie.

L'analisi sarà condotta attraverso una ripartizione degli argomenti a seconda che si guardi agli effetti sul valore del bond delle safety covenants, degli accordi di subordinazione del debito e delle restrizioni al finanziamento dei pagamenti di dividenti e degli interessi.

Di certo la loro trattazione si poggerà sulle medesime assunzioni elencate precedentemente con riferimento al modello di Merton.

Dapprima considereremo gli effetti delle safety covenants sul prezzo del titolo rischioso zero-coupon. Le *safety covenants* sono restrizioni di natura contrattuale sul comportamento della società che riconoscono ai bondholders il diritto di forzare la società perché dichiari il fallimento o perché proceda verso la ristrutturazione aziendale. Le covenants distinte per natura in covenants positive (obblighi di fare) e covenants negative (obblighi di non fare), possono assumere diverse forme a seconda dei parametri in funzione dei quali sono definite. In particolare Cox e Black considerano le covenants ancorate al valore dell'azienda, tale per cui se durante l'intervallo di tempo di vita del debito, il valore della società scende al di sotto di un predefinito livello, i bondholders sono autorizzati a costringere la società a dichiarare lo stato di bancarotta e quindi, ad acquisire la proprietà delle sue attività.

La formula di pricing verrà ricercata per uno zero-coupon assumendo che la società paghi agli azionisti un dividendo continuo calcolato secondo un coefficiente a proporzionale al valore della società, cioè di ammontare aV. Se l'analisi viene condotta nell'ipotesi di tempo continuo, è ragionevole definire la safety covenant, che specificherà il livello del valore aziendale per cui si manifesterà il default, in termini esponenziali e cioè: $C(t) = Ce^{-\gamma(T-t)}$, per K una costante >0 e γ tasso di interesse continuo.

Ne segue che il valore del debito societario B soddisferà la seguente equazione differenziale parziale (3.21):

$$\frac{1}{2}\sigma^2 V^2 B_{vv} + (r-a)VB_v - rB + B_t = 0$$

con le condizioni di contorno:

$$B(V,T) = \min(V,D)$$

$$B(Ce^{-\gamma(T-t)},t) = Ce^{-\gamma(T-t)}$$

in modo analogo il valore dell'equity S sarà definito dalla seguente equazione differenziale parziale (3.22):

$$\frac{1}{2}\sigma^2 V^2 S_{vv} + (r-a)VS_v - rS + S_t + aV = 0$$

le cui condizioni di contorno:

$$S(V,T) = \max(V - D,0)$$

$$S\left(Ce^{-\gamma(T-t)},t\right) = 0$$

Per applicare un approccio probabilistico alla valutazione del bond, dobbiamo conoscere $\Phi(V(\tau),\tau|V(t),t)$, la distribuzione cioè, in un mondo neutrale verso il rischio, del valore aziendale al tempo τ, $V(\tau)$, subordinata al suo valore corrente $V(t) = V$.

Sotto le assunzioni di partenza, la probabilità risk neutral che la società sino all'epoca τ non sia stata ancora sottoposta a procedure di riorganizzazione aziendale, cioè $V(\tau) \ge K$, è data da (3.23) :

$$N\left(\frac{\ln V - \ln K + \left(r - a - \frac{1}{2}\sigma^2\right)(\tau - t)}{\sqrt{\sigma^2(\tau - t)}}\right) - \left(\frac{V}{K}\right)^{1 - \left(2(r-a-\lambda)/\sigma^2\right)}$$

$$\times N\left(\frac{2\ln K - \ln V - \ln K + \left(r - a - \frac{1}{2}\sigma^2\right)(\tau - t)}{\sqrt{\sigma}(\tau - t)}\right)$$

dove $N(\ )$ è una funzione di distribuzione normale, e

$K = Ce^{-\gamma(T-t)}$ è la cosiddetta barriera assorbente che se "toccata" dal valore dell'azienda, da il via alle procedure di riorganizzazione aziendale.

Deriviamo così la formula di Cox e Black per la valutazione del bond caratterizzato dalla presenza di una safety covenant che si evolve in modo deterministico $C(t)$, (3.24):

$$B(V,t) = De^{-r(T-t)}\left[N(z_1) - y^{2\theta-2}N(z_2)\right] + Ve^{-a(T-t)}[N(z_3) + y^{2\theta}N(z_4)$$

$$+ y^{\theta+\zeta}e^{a(T-t)}N(z_5) + y^{\theta-\zeta}e^{a(T-t)}N(z_6) - y^{\theta-\eta}N(z_7) - y^{\theta-\eta}N(z_8)]$$

Il pricing del debito, in presenza di safety covenants legate al valore aziendale, è perciò definito da una formula abbastanza complessa, dove si osserva che i termini in z_1 e z_2 corrispondono ai termini h_1 e h_2 della formula di pricing di Merton, mentre gli altri elementi in z, spiegano l'impatto della safety covenants sul valore del bond rischioso.

Sicuramente la formula è la stessa, qualunque sia il valore soglia definito dalla barriera, tale che, sia $C(t) = Ce^{-\gamma(T-t)} \leq De^{r(T-t)}$. Una scelta interessante potrebbe essere di porre la nostra barriera pari a $C(t) = Ce^{-\gamma(T-t)} = \rho De^{-r(T-t)}$, con $0 \leq \rho \leq 1$, tale per cui il valore per l'avvio della riorganizzazione aziendale, definito dalla safety covenants, è espresso in termini di frazione costante ρ del valore corrente del debito.

Si ritiene di non andare avanti con una rappresentazione prevalentemente analitica del modello perché di là dagli obiettivi di questa tesi; ci basti dire che come nel modello di Merton, il valore del debito societario dipende direttamente dal valore aziendale V e dal tempo t, ed indirettamente dalla volatilità σ^2, dal tasso di interesse risk free r e dal coefficiente di payout a. Inoltre si verifica con facilità che il valore del debito B è anche funzione crescente di ρ. Ed infatti se maggiore è ρ, significa che maggiore è la probabilità con cui il valore dell'attivo aziendale supera la barriera di riorganizzazione aziendale per cui, più facilmente potrà essere dichiarato lo stato di bancarotta.

Contrariamente a quanto si suole affermare, il fallimento "prematuro" non è sempre un evento così dannoso per gli obbligazionisti; è, infatti, nel loro interesse disporre di una clausola che gli permette di entrare in possesso della società il prima possibile.

Infine si osserva che lo stesso B è una funzione concava di ρ che tende ad un valore pari a $De^{-r(T-t)}$ quando ρ tende ad uno.

In conclusione, le safety covenants individuano una sorta di livello minimo del valore del bond che limita così i guadagni degli azionisti.

Procedendo con la trattazione del modello di Cox, Black, analizziamo l'impatto sul valore del bond rischioso, causato dalla presenza di una convenzione contrattuale assai diffusa, che riguarda la subordinazione delle rivendicazioni di una classe di debito, le obbligazioni di secondo grado (*junior bonds*) rispetto quelle del debito di primo grado (*senior bonds*).

In presenza di debito subordinato, accadrà che, alla data di scadenza dei debiti (assumiamo che entrambe le classi di debito scadano in T), la società potrà effettuare pagamenti a favore dei detentori del debito junior solo dopo che tutto il debito senior sia stato completamente ripagato. Tale convenzione è comunemente riferita al rispetto della *strict (or absolute) priority rule*.

Si procede verso l'individuazione della formula di pricing, ipotizzando che entrambe le classi di debito, corrispondano a delle emissioni di titoli zero coupon per un valore nominale, rispettivamente pari a D per il senior e Q per lo junior.

Naturalmente, alla scadenza dei debiti, il valore di ciascun titolo, azionario ed obbligazionario, dipenderà da valore dell'attivo aziendale; ed infatti si avrà che:

- se $V < D$, il valore in T del debito senior coinciderà con il valore delle attività aziendali V, mentre nullo sarà il valore dell'equity e del debito junior;
- se $D \leq V \leq D + Q$, il valore del senior sarà pari a D, mentre $(V - D)$ sarà il valore del subordinato e nullo il valore dell'equity;
- se $V > D + Q$, il valore del senior sarà D, quello dello junior invece Q ed invece $(V - D - Q)$ sarà il valore dell'equity.

A questo punto si nota che il valore del debito senior è proprio coincidente con quello del debito di una società che ha realizzato un'unica emissione per un ammontare di valore nominale pari a D (o $(D + Q)$). Se indichiamo con $B\left(V, t, D, \rho D e^{-r(T-t)}\right)$ la formula di pricing (3.24) della sola emissione obbligazionaria per un valore nominale D caratterizzata inoltre dalla presenza di una safety covenant definita da $C(t) = \rho D e^{-r(T-t)}$ (con $0 \leq \rho \leq 1$), il valore del debito junior J, può essere così formulato (3.25):

$$J(V, t) = B\left(V, t; D + Q, \rho D e^{-r(T-t)}\right) - B\left(V, t; D; \rho D e^{-r(T-t)}\right), \quad \rho < 1$$

$$= B\left(V, t; D + Q, \rho D e^{-r(T-t)}\right) - D e^{-r(T-t)}, \quad 1 \leq \rho \leq \frac{D + Q}{D}$$

$$= Q e^{-r(T-t)}, \quad \rho > \frac{D + Q}{D}$$

Gli effetti di una safety covenant sul valore del debito subordinato non sono del tutto inattesi. Posto un valore di ρ compreso tra lo zero ed uno, si ha che: J è una funzione decrescente, convessa di ρ, e raggiunge un valore minimo quando $\rho = 1$; invece per valori di $\rho > 1$, J è una funzione crescente convessa e raggiunge un valore massimo quando $\rho = D + Q$. Sicuramente per valori di $\rho < 1$, i benefici della safety covenant riguardano interamente gli obbligazionisti del debito senior e sono parzialmente a spese dei creditori junior come degli azionisti; non appena ρ cresce di valore anche i detentori junior cominciano a trarre benefici a spese interamente degli azionisti.

Inoltre l'analisi comparata delle due principali classi di debito ci mostra che il debito subordinato presenta notevoli differenze rispetto a quelle del debito senior.

Abbiamo osservato che il valore del senior è sempre una funzione concava del valore degli assets V, al contrario il debito junior risulta, inizialmente una funzione convessa di V per poi diventare una funzione concava per valori molto grandi di V; il punto di svolta V^* si ha quando:

$$V = [D(D+Q)]^{1/2} \exp\left[-\left(r - a + 1/2\sigma^2\right)(T-t)\right]$$

Inoltre l'analisi della funzione di J ci evidenzia che il suo valore dipende direttamente (indirettamente) da σ^2 per $V < V^*$ $\left(V > V^*\right)$. Ciò significa che tra le diverse categorie di bondholders potrebbero presentarsi dei problemi di conflitto di interesse con riferimento ai cambiamenti che le politiche di investimento possono determinare sul grado di rischiosità in azienda. Per cui, dal momento che il valore del debito senior è inversamente proporzionale alla volatilità σ^2, sarebbe consigliabile per i creditori senior insistere per l'approvazione di quelle scelte di investimento che andrebbero ad accrescere il solo business risk della società.

Quanto alla relazione tra valore *J* e scadenza, potremmo aspettarci un valore che è funzione crescente della scadenza. Diversamente dal debito senior, il debito junior potrebbe anche valere zero alla maturità, per questo se tale evoluzione è percepita dal detentore junior, potrebbe essere interessato a chiedere un eventuale allungamento della maturity.

Volendo a questo punto evidenziare le caratteristiche di rischio e di rendimento atteso del bond junior, si nota che il suo comportamento è per metà vicino a quello del bond senior e per l'altra metà vicino a quello di un titolo azionario.

Concludiamo il nostro lavoro di investigazione degli effetti sul valore del debito societario delle tre più comuni clausole contrattuali, prestando attenzione in quest'ultima parte della trattazione, agli effetti delle restrizioni sulla vendita degli assets finalizzata al finanziamento dei pagamenti di interessi e dividendi.

Il loro pagamento dovrà essere finanziato mediante nuova emissione di titoli, tuttavia per tutelare il valore del loro debito, i bondholders chiederanno alla società che il nuovo finanziamento si realizzi con equity o con debito subordinato.

L'equazione differenziale parziale, pertinente al nostro specifico problema sarà così definita:

$$\frac{1}{2}\sigma^2 V^2 F_{vv} + rVF_v - rF + F_t + \sum_{j=1}^{n} c_j \delta(t - t_j) = 0 \quad (3.26)$$

dove c_j è il pagamento j-esimo di interessi; t_j è la data j-esima di pagamento degli interessi; *n* è il numero totale di pagamenti di interessi e $\delta(\ )$è la funzione delta Dirac[7]. Il primo termine a sinistra non incorpora il flusso di cassa in uscita per il pagamento degli interessi o dei dividendi perché interamente coperto dal flusso in entrata dal nuovo finanziamento.

Una soluzione generica del problema può essere ottenuta attraverso l'utilizzo di tecniche ricorsive, anche se, non è ancora disponibile una formula chiusa. Se si volesse ottenere una migliore prospettiva del comportamento del valore del nostro debito, dovremmo ipotizzare una vita perpetua ed il pagamento di interessi nel continuo per un ammontare pari a c.

In tal caso l'equazione differenziale diventerebbe del tipo:

$$\frac{1}{2}\sigma^2 V^2 F_{vv} + rVF_v - rF + c = 0 \quad (3.27)$$

Sapendo che ci sarà un momento in cui non sarà più possibile ricorrere a nuovo equity e i bondholders entreranno in possesso della società, come individuare tale momento? In condizione di equilibrio il nuovo finanziamento mediante capitale azionario dovrà essere venduto al prezzo di mercato tale per cui non farà differenza se la nuova sottoscrizione verrà fatta da nuovi investitori o dagli azionisti originali. Possiamo cosi immaginare, inizialmente, una situazione in cui gli azionisti eseguono pagamenti a favore della società per

---

[7] La delta di Dirac, chiamata erroneamente funzione è definita dalla seguente espressione: $f(0) = \int Rf(x)\delta(x)dx$, in cui la $f(x)$ è una arbitraria funzione con comportamento regolare. Esistono diverse rappresentazioni di delta di Dirac, ad ogni modo, non può essere considerata una funzione nel senso usuale, infatti è tale che $\delta(x) = 0$ se $x \neq 0$ e $\delta(x) = 1$ se $x = 0$, in modo tale che $\int R\delta(x)dx = 1$.

assicurare il pagamento degli interessi, fino a quando, questi decideranno di rinunciare a conferire risorse finanziarie e di trasferire così la società nelle mani dei creditori oppure di pagare loro c/r. Naturalmente il valore critico di V per il quale gli azionisti sceglieranno per questa strada, sarà indipendente dal suo valore corrente e tale da minimizzare il valore del bond e massimizzare la loro posizione.

Nel caso si decida di pagare agli obbligazionisti c/r, si otterrà che:

$$F(V) = \frac{c}{r} + K_1 V + K_2 V^{-\alpha} \quad (3.28)$$

dove $\alpha = 2r/\sigma^2$; K_1, K_2 sono invece delle costanti arbitrarie ottenute dalle condizioni di contorno. Non appena il valore aziendale raggiunge livelli molto elevati, tende all'infinito, il debito dovrà inevitabilmente tendere verso un valore vicino a quello del debito risk free, ma attenzione perché gli incrementi di valore riguarderanno soltanto le posizioni degli azionisti, per cui $F_V(\infty) = 0$ e $K_1 = 0$.

La condizione di contorno diventa perciò più "debole":

$$K_2 \overline{V}^{-\alpha} + \frac{c}{r} = \min\left(\overline{V}, \frac{c}{r}\right)$$

per cui

$K_2 = \overline{V}^{\alpha+1} - (c/r)\overline{V}^{\alpha}$ se $\overline{V} < c/r$ oppure $K_2 = 0$ se $\overline{V} \geq c/r$.

Scegliendo $\overline{V} \geq c/r$ il valore del debito sarà:

$$F(V) = \frac{c}{r} + \left(\overline{V}^{\alpha+1} - \frac{c}{r}\overline{V}^{\alpha}\right)V^{-\alpha} \quad (3.29)$$

risolvendo la (3.28) minimizzando $F(V)$, si ottiene: $\overline{V} = (\alpha/\alpha + 1)c/r$, per cui sostituendo avremo la formula del valore del debito societario sotto la restrizione considerata:

$$F(V) = \frac{c}{r} - \left[\left(\frac{\alpha}{\alpha+1}\right)^{\alpha} - \left(\frac{\alpha}{\alpha+1}\right)^{\alpha+1}\right]\left(\frac{c}{r}\right)^{\alpha+1} V^{-\alpha} \quad (3.30)$$

Lo studio del modello di Cox e Black ci ha permesso di capire in che misura le tre comuni restrizioni di una emissione obbligazionaria impattano il valore del titolo. E infatti abbiamo elaborato formule di pricing non facilmente risolvibili o applicabili ma che tuttavia ci dimostrano come tali restrizioni hanno l'effetto comune di accrescere il valore del debito. Se infatti, per curiosità, volessimo confrontare il valore del debito F in presenza della restrizione sulla vendita degli assets, usando la (3.30) e il valore del debito G nel caso in cui la vendita è invece consentita, usando una formula che si è preferita tralasciare per evitare di appesantire troppo la presentazione di tali modelli, otteniamo che F è sempre più grande di G, appunto perché la restrizione sul finanziamento incrementa il valore del debito. Potremmo affermare che il maggior valore di F sia dovuto parzialmente all'incremento di valore dell'attivo aziendale generato sia dall'afflusso di risorse finanziarie mediante nuovo finanziamento, quanto dalla presenza di una safety covenant implicita che metterebbe l'azienda nelle mani dei bondholders appena il suo valore tocca la barriera di default.

Naturalmente i risultati cui siamo giunti derivano fondamentalmente dalle assunzioni fatte in partenza; certamente le formule così ottenute come l'entità dell'impatto potrebbero essere abbastanza differenti se riconoscessimo, ad esempio, l'esistenza dei costi bancarotta, delle tasse o se ancora ipotizzassimo un processo stocastico a salti per descrivere la dinamica del valore aziendale. Il valore della safety potrebbe in tal caso subire alterazioni improvvise se il valore aziendale scende repentinamente sotto il livello di "bancarotta".

A fronte dei numerosi punti in comune con il modello di Merton (tassi di interesse costanti; assenza di costi di transizione; tassi di recupero e probabilità di default funzione dalle caratteristiche strutturali della società, relazione inversa tra RR e PD), il modello di Cox e Black si differenzia sostanzialmente per aver ammesso che il default poteva manifestarsi in un qualsiasi momento durante la vita del debito. Se infatti in Merton il default può manifestarsi solamente alla scadenza, in Cox e Black il default si ha, in una qualsiasi data, non appena il valore dell'attivo supera il valore soglia fissato dalla barriera deterministica. Sicuramente questa condizione di default ha reso il modello più "consistente" nel senso di essere in grado di generare credit spread più vicini a quelli osservati direttamente sul mercato. Nonostante questo grande vantaggio, il modello soffre però di svariate limitazioni; dapprima l'assunzione di tassi di interesse costanti, difficile da accettare in modelli valutazione di titoli fixed-income; e poi il rispetto della regola della priorità assoluta nell'eventualità di default. Recenti rilevazioni empiriche Franks e Torous (1989,1994), Weiss (1990), Betker (1991,1992) ed altri, dimostrarono che difficilmente le società rispettarono tale regola in situazioni di riorganizzazione da stress finanziario.

Ma sicuramente il modello di Cox e Black introduce la possibilità di una struttura del capitale più complessa: il debito subordinato, mentre Merton aveva semplificato la realtà analizzando strutture del capitale con una sola emissione di titoli zero-coupon.

3.3 IL MODELLO DI LONGSTAFF, SCHWARTZ

I principi dei tradizionali modelli di Black e Scholes (1973) e di Merton (1974) basati sulla *contingent analysis* per la valutazione del debito societario diventarono presto la base per numerosi modelli di pricing. In quest'approccio i tassi di interesse venivano assunti costanti ed inoltre lo stesso rischio di default veniva studiato in termini di opzione virtuale sul valore dell'impresa. Il modello di Merton (1977), che riprendendo a pieno le logiche dell'option pricing, è divenuto il modello di riferimento per numerosi lavori, ha ciò nonostante sofferto di svariati limiti di indubbia importanza. Inevitabile lo sviluppo di successivi modelli di valutazione che, rimuovevano di volta in volta una o più assunzioni completamente artificiose, hanno raggiunto risultati più vicini alla realtà. Ad esempio, un gran difetto di tale modello riguardava la possibilità che la società poteva fallire soltanto a scadenza del debito nel caso in cui avesse completamente esaurito le sue attività. Un'assunzione chiaramente irreale visto che la società può dichiarare lo stato di bancarotta in ogni momento tra l'emissione del debito e la data di scadenza, nell'istante in cui il valore degli assets raggiunge un valore soglia prestabilito.

Già nel modello di Cox e Black, e poi in quello di Longstaff e Schwartz si rileva il tentativo di riconoscere il default in qualsiasi epoca precedente alla scadenza..

Per di più Jones, Mason, e Rosenfeld (1984), Franks e Torous (1989) dimostrarono che tali modelli, basati sulla contingent analysis, presentavano dei credit spread costantemente inferiori a quelli reali con conseguente distorsione del valore del debito.

Presa consapevolezza di siffatti difetti i due studiosi Longstaff e Schwartz nel 1995 elaborarono un modello relativamente semplice per la valutazione del debito rischioso soggetto al rischio di default e al rischio di interesse, in grado di definire una soluzione in forma chiusa sia per i titoli a tasso fisso che per i titoli a tasso variabile.

Il modello presentatoci in dettaglio nell'articolo: *"A Simple Approach to Valuing Risky Fixed and Floating rate Debt"* supera così il limite di tassi di interessi fissi, introducendo una struttura stocastica dei tassi, il limite legato alla possibilità che il default si realizzi soltanto alla scadenza, ridefinendo le condizioni perché si possa manifestare il default, ed infine lo stesso problema legato al rispetto della *strict absolute rule*, superato attraverso una deviazione dalla suddetta regola.

La scelta degli autori è in ogni modo quella di presentare uno descrizione quanto più semplice possibile del modello che meglio si adatta ai casi particolari piuttosto che descrivere la sua risoluzione più generale, se l'obiettivo è appunto di fornire soluzione in forma chiusa direttamente applicabile per un'ampia gamma di obbligazioni societarie.

Il modello di Longstaff e Schwartz è in parte un'estensione del modello di Cox e Black (1976); molte delle assunzioni sottostanti saranno, infatti, riprese da quest'ultimo ed anche dal modello di B&S (1973) e di Merton (1974).

Di seguito si procederà con la discussione delle singole assunzioni:

Assunzione 1: *Indichiamo con* (V) *il valore totale degli assets e sia la dinamica di* (V) *data dal seguente processo:*

$$dV = \mu V dt + \sigma V dZ_1 \quad (3.31)$$

dove σ è una costante e Z_1 è un processo standard di Wiener.

Assunzione 2: *Sia r il tasso di interesse a breve termine privo di rischio; la sua dinamica è data da:*

$$dr = (\zeta - \beta r)dt + \eta dZ_2 \quad (3.32)$$

dove ζ, β e η sono costanti e Z_2 è ancora un processo standard di Wiener. La correlazione istantanea tra Z_1 e Z_2 è ϱdt.

Questa assunzione riguardante la dinamica del tasso di interesse è derivata dal modello di equilibrio di Vasicek sulla struttura a termine. Sebbene fu dimostrata la coerenza di tale modello con molte delle osservate proprietà dei tassi di interesse, la sua dinamica potrebbe però determinare tassi negativi. Ciò fa sì che nell'immediato, la reazione degli analisti finanziari sarebbe appunto di abbandonarlo perché lontano dalla realtà; non potremmo, infatti, pensare all'esistenza di tassi negativi, tuttavia non ci sentiamo di escluderlo del tutto per due motivi. La probabilità di ottenere tassi di interesse negativi è effettivamente molto bassa se i valori dei diversi parametri vengono scelti con attenzione e buon senso. Ed inoltre, dato un tasso iniziale positivo, la sua dinamica suggerisce sempre tassi futuri attesi positivi. Questo è rilevante poiché l'impatto che r esercita sui credit spread avviene principalmente attraverso il suo valore futuro atteso. Quanto detto ci porta ad accettare la ripresa del modello di Vasicek e quindi l'assunzione 2.

Assunzione 3: *Il valore della società è indipendente dalla sua struttura del capitale.*

Questa assunzione non è altro che un'espressione per recuperare il teorema di Modigliani-Miller, secondo cui, eventuali cambiamenti nella struttura del capitale dovuti al pagamento di cedole o di dividendi, non hanno alcuna influenza sul valore V. Questo accade sicuramente se, ad esempio, tali pagamenti sono finanziati mediante l'emissione di nuovo debito. Ovviamente, implicita a tale assunzione è la nozione per cui la struttura del capitale, considerata efficiente, è mantenuta costante nel tempo. Tutto ciò è ragionevole giacché, in un mercato privo di frizioni di varia natura, costi di transizione, tasse e altre inefficienze, la società non è incentivata ad alterare la sua struttura del capitale.

Si permetterà così alla società di definire una struttura del capitale che comprenderà una varietà di classi di debito, con o senza cedole, che differiscono per scadenza e priorità; contrariamente al modello di Merton in cui unica era la categoria di debito ammessa.

Assunzione 4: *riprendendo l'idea di Cox e Black si assume l'esistenza di un valore soglia K al di sotto del quale si verifica il default. Finché il valore aziendale V si manterrà superiore a tale soglia, allora la società sarà in grado di adempiere a tutti i suoi obblighi contrattuali; diversamente, non appena il valore V raggiunge il livello K, l'azienda entrerà in una situazione di stress finanziario per cui dichiarerà il default su tutte le obbligazioni emesse, e successivamente intraprenderà azioni di riorganizzazione aziendale.*

Un'importante implicazione di tale assunzione è che il fallimento riguarderà, simultaneamente, tutti i debiti contratti. Si tratta, infatti, di un'affermazione vera perché se la società risulta inadempiente su un'emissione, l'insolvenza si rivelerà anche sugli altri debiti a seguito di provvedimenti presi sull'azienda, ad esempio di tipo ingiuntivo, che andranno a bloccare i pagamenti a favore di altri debiti.

Sebbene nel modello si assume che K sia un valore costante, il che risulta coerente con l'ipotesi di struttura del capitale stazionaria, potremmo pensare di approfondire l'analisi, assumendo che K sia funzione del tempo[8] e del tasso di interesse privo di rischio oppure

---

[8] Nel modello di Cox e Black si assume che il valore soglia sia variabile e non costante; Ke^{-cT}

che sia un processo stocastico. In verità ciò che assume un ruolo significativo nella nostra analisi è il rapporto tra V e K e non invece il valore assoluto di K, per cui una specificazione più approfondita di K renderebbe il modello più complesso pur non ottenendo miglioramenti di tipo qualitativi sulla valutazione del debito rischioso.

Tale definizione di default è coerente con il concetto di insolvenza basato sia sui flussi di cassa, cioè le attività aziendali non sono in grado di generare flussi di cassa sufficienti a soddisfare tutte le obbligazioni; sia sui valori stock, e cioè che l'attività operativa non permette di raggiungere la quantità minima di capitale-lavoro richiesta per la sua continuazione. Dal momento che la società raggiunge una situazione di stress finanziario quando $V = K$, la riorganizzazione è perciò un semplice meccanismo mediante il quale il valore totale restante degli assets verrà ripartito tra le diverse categorie di creditori.

È stato già detto che i modelli tradizionali di valutazione ritenevano valida la regola della priorità assoluta e come il rispetto di tale regola fosse smentito dall'evidenza empirica. Inoltre recenti ricerche hanno riconosciuto che il payoff attuale del bondholder dipende da un insieme di variabili esogene, come ad esempio, forza e dimensione della società, potere contrattuale degli obbligazionisti, la natura delle relazioni tra azionisti e managers.

Svariate pubblicazioni dimostrarono il tentativo di introdurre nelle formule di pricing gli effetti delle negoziazioni tra le parti interessate intraprese durante il periodo di riorganizzazione aziendale; nel modello che stiamo analizzando invece, per ovvi motivi di semplificazione dello schema di analisi si assume che l'allocazione degli assets sia data esogenamente e non derivata o influenzata da lunghe e complesse contrattazioni tra creditori e azienda.

Assunzione 5: *Se la riorganizzazione aziendale si verifica durante la vita del titolo, il detentore riceverà (1- w) volte il valore dell'obbligazione a scadenza.*

Un modo equivalente per specificare il payoff del titolo, consta di assumere che il detentore dell'obbligazione, nell'eventualità del default, riceverebbe N titoli privi di rischio del tipo zero-coupon, dove N sarebbe uguale ad $(1 - w)$ volte il valore facciale dell'obbligazione e dove la scadenza dei titoli privi di rischio sarebbe la stessa di quelle del debito originale. Tale criterio sarebbe assolutamente coerente con la tipica procedura di saldare il debito aziendale, consegnando ai creditori nuovi titoli piuttosto che denaro in contanti. Si vuole inoltre precisare che altri criteri potrebbero essere utilizzati per il calcolo del payoff dell'obbligazione, ad esempio ponendo w funzione del tempo restante sino alla maturità oppure funzione del tasso di interesse in vigore al momento del default.

Quale che sia la procedura preferita, w rappresenta, ad ogni modo, la percentuale di *writedown* del titolo in caso di insolvenza. In generale w sarà definito da una percentuale diversa secondo la tipologia di debito presente nelle strutture del capitale della società, anche se si accetta per la maggior parte delle emissioni la condizione per cui $w \leq 1$.

Nel caso sia $w = 0$, il detentore otterrà tutta la somma inizialmente investita tale per cui si potrà parlare di titolo privo di rischio di insolvenza; diversamente se $w = 1$, il detentore del titolo non riceverà nulla in caso di fallimento, infine se $w \leq 0$ il detentore potrebbe trarre beneficio dal piano di liquidazione aziendale nel senso che potrebbe beneficiare di eventuali incrementi di valore subiti dai titoli[9].

Si vuole inoltre precisare che in presenza di più emissioni, i titoli

---

[9] Come dimostrarono Franks e Torous (1989) e Lo Puchi a Whitford (1990), questa situazione potrebbe effettivamente presentarsi. In molti casi ai bondholder sono stati riconosciuti interessi per un tasso maggiore rispetto a quello cedolare durante il periodo tra il default e l'esecuzione del piano di riorganizzazione.

vengono solitamente raggruppati in categorie al fine di agevolare la ristrutturazione in azienda. In tal caso, due o tre valori di *w* saranno sufficienti per stimare il valore del debito societario.

Vero che abbiamo assunto un valore di *w* costante ma nulla, ci vieterebbe di definire un valore stocastico dello stesso, se si tiene conto del fatto che il rischio di *w* ha una natura non sistematica. Inoltre la tesi per cui *w* ha una componente non sistematica potrebbe non essere del tutto assurda dal momento che *w* può anche essere ottenuto dal risultato di un lungo processo di negoziazione tra le parti coinvolte.

Assunzione 6: *Si assume l'esistenza di mercati perfetti senza frizioni di varia natura, dove i titoli vengono negoziati nel continuo.*

Questa assunzione permette di riprendere l'equazione differenziale parziale che definisce il prezzo $H(V,r,T)$ di uno strumento derivato con payoff al tempo T che dipende dal valore aziendale V e dal tasso risk free r.

La suddetta equazione è:

$$\frac{\sigma^2}{2}V^2H_{vv} + \rho\sigma\eta VH_{V_r} + \frac{\eta^2}{2}H_{rr} + rVH_V + (\alpha - \beta r)H_r - rH = H_T$$

(3.33)

che vagamente ricorda la formula del modello di Merton con la differenza che nella (3.33) si inserisce una componente molto importante, il tasso di interesse privo di rischio, che assieme a tutte le altre variabili considerate, andrà ad influenzare il valore dello strumento.

Sembra che il valore di un titolo risk free zero coupon svolgerebbe un ruolo molto importante nella derivazione della formula di pricing del titolo societario, per cui in questo ambito di analisi si riprende il valore di tale titolo definito dalla formula di Vasicek (1977):

$$D(r,T) = \exp\left[A(T) - B(T)r\right] \quad (3.34)$$

Dove A(T) e B(T) sono funzioni dei parametri (α), (β), (η), (T).

Sulla base delle assunzioni fin qui segnalate, possiamo, a questo punto, procedere, dapprima, verso la ricerca di una formula di valutazione delle obbligazioni zero-coupon soggette al rischio di default, per poi passare ad esaminare quali sono le implicazioni sulla struttura a termine dei credit spread.

Indichiamo con P(V, r, T) il prezzo di un titolo zero coupon rischioso con scadenza in T. Il payoff di tale titolo sarà 1 se il default non si manifesterà durante la vita dello stesso bond, e $(1-w)$se invece il default occorrerà. La funzione del payoff può essere così espressa (3.35):

$$1 - wI_{\gamma \le T}$$

dove I è una funzione indicatore che assume valore 1 se il valore V raggiunge K durante la vita del bond, altrimenti zero negli altri casi. Più formalmente, I varrà 1 se il momento (γ) del primo passaggio di V su K è anteriore o coincidente con T.

inoltre indichiamo con X il rapporto tra V e K.

Da ciò deriva che il valore di un titolo di puro sconto rischioso è definito dalla seguente espressione (3.36):

$$P(X,r,T) = D(r,T) - wD(r,T)Q(X,r,T)$$

dove $Q(X,r,T,n,) = \sum_{i=1}^{n} q_i$; con q_i un insieme di variabili che si distribuiscono secondo una normale standardizzata.

La formula prevede inoltre che il temine Q(X, r, T) sia definito dal limite di Q(X, r, T, n) per n che tende all'infinito. Si dimostra, infatti, che tale analogia è immediata, è infatti sufficiente porre n = 200 per mostrare che i due valori siano effettivamente indistinguibili.

La formula in forma chiusa (3.36) ci mostra che il valore di un bond rischioso dipende da V e da K, solamente attraverso il loro rapporto X. In tal modo X fornirebbe una stima sommaria del rischio che può inoltre essere vista come una proxy (un'approssimazione) del rating della stessa società. Ne deriva che il debito rischioso potrà essere valutato senza dover disporre di stime separate per K e per V, una conseguenza di assoluta importanza che va a semplificare l'implementazione del modello stesso. In definitiva dalla (3.36) il valore del titolo di puro sconto rischioso risulta funzione esplicita di X, r, T ; e dipenderà, a sua volta, dai parametri w, a, β, η^2, σ^2, e ρ .

La soluzione in forma chiusa così presentataci dalla (3.36), consta di una struttura abbastanza comprensibile. Il primo termine rappresenta perciò il valore del bond se fosse privo di rischio; il secondo termine rappresenta una sorta di sconto da calcolare sul valore del bond per l'esistenza di un rischio di default. Tale termine è a sua volta definito da due componenti: la prima wD(r, T) indica il valore attuale di ciò che andrebbe perso in caso di default; la seconda Q(X, r, T) rappresenta la probabilità, sotto le condizioni risk neutral, che si verifichi il default. Si conferma che le due probabilità potrebbero essere differenti perché il *drift* del processo reale di V (nell'equazione concernente l'assunzione 1) è dato da μV , mentre il drift del processo risk neutral dipende solamente da r e non anche da μ.

Essendo X, una grandezza abbastanza indicativa del rischio di default per questo modello, non sarà, inoltre, necessario disporre del piano di rimborso e quindi conoscere tutti i pagamenti futuri, anteriori alla scadenza per calcolarne il valore del titolo. Intuitivamente, perché in tale modello abbiamo assunto che il default può verificarsi in un qualsiasi momento e che una volta verificatosi, l'insolvenza riguarderà tutte le obbligazioni in essere in azienda; mentre si ricorda che in un approccio tradizionale, l'azienda poteva fallire solamente alla scadenza del bond. Ed infatti essendo il rischio di default catturato dalla variabile di stato X, possiamo centrare la valutazione di qualsiasi bond direttamente su X piuttosto che sull'eventuale stato di insolvenza sulle altre obbligazioni emesse. Tale peculiarità spiega perché il modello sia stato considerato più trattabile, da un punto di vista matematico, a differenza dei precedenti modelli.

A questo punto affermiamo con chiarezza che il valore del bond rischioso è una funzione crescente della variabile X, indicativa appunto del grado di rischiosità del titolo medesimo. Ed infatti per valori molto grandi di X, la società sarà più lontana dalla barriera del default e quindi minore sarà lo "sconto" sul valore del titolo per il rischio di default. Diversamente il valore del bond è funzione decrescente di w, perché un aumento di w si traduce in un ampliamento della perdita sul bond causata dal verificarsi del default. Allo stesso modo la variabile T influenza negativamente il valore del bond; il termine $D(r,T)$ subirà un decremento di valore mentre la probabilità risk neutral

$Q(X, r, T)$ di default aumenterebbe; due effetti che tendono a ridurre il valore del bond.

In generale il valore del bond è una funzione decrescente del tasso di interesse; è noto che la sensibilità del prezzo del titolo a variazioni del tasso, fornisce una misura della durata media finanziaria dell'obbligazione (Duration $= \Delta P/\Delta r \times (1 + r)/P$). Com'è stato dimostrato dagli studi di Chance (1990) la duration di un titolo fixed-income rischioso è inferiore a quella del titolo corrispondente ma privo di rischio. La ragione di tale differenza va ricercata nel doppio ruolo che r gioca nella valutazione del debito rischioso. Un aumento del tasso produce da una parte una diminuzione di valore per D(r, T) e dall'altra parte invece influenza positivamente il termine drift del processo stocastico che spiega la dinamica di *V* e poiché il valore *V* aumenta allontanandolo da *K* si ridurrà la probabilità risk neutral di default.

Un'altra interessante implicazione del modello è che, non necessariamente la duration del bond rischioso è una funzione monotona crescente rispetto la sua maturità. Per esempio, in titoli zero coupon caratterizzati da un livello discreto di rischio, la duration prima cresce con T, poi si livella e successivamente decresce.

Quanto detto ci serve per dimostrare quanto siano diverse le proprietà del valore dei titoli rischiosi da quelle dei titoli privi di rischio; infatti per valori di *X* e di *w* prossimi all'unità e quindi titoli molto rischiosi, l'effetto di r sul drift term può addirittura capovolgere il prezzo del bond. Per cui nei titoli notevolmente rischiosi il prezzo può diventare una funzione crescente del tasso r e addirittura la duration diventare negativa. Affermare che il prezzo di titoli assai rischiosi è funzione crescente di r, significa che l'effetto positivo di r sugli assets aziendale verrà preferito a quello negativo di riduzione del prezzo, perché aumentando *V* , si allunga la distanza dal barriera di default.

Affrontata in modo esaustivo l'analisi sulla formula di pricing del titolo rischioso, si vuole adesso passare ad un'analisi più concreta, vale a dire quella inerente i credit spread.

È risaputo che il credit spread è definito dal differenziale tra il rendimento del titolo rischioso e quello del titolo privo di rischio con scadenze identiche.

Si dimostra che i credit spread possono assumere forme diverse al variare della scadenza e secondo il grado di indebitamento aziendale. Questo corrisponde con i risultati empirici degli studi di Sarig e Warga, e perciò con quanto era stato già rilevato nel modello di

Merton, dove i titoli con elevato rating presentano generalmente una term structure monotona decrescente, al contrario i titoli con rating medio-basso presentano una term prima crescente e poi decrescente, cioè con forma a "gobba". Gli spread ottenuti dall'applicazione di siffatto modello risultano così una funzione crescente di w e di σ; per contro la relazione tra gli stessi ed r è invece di tipo inversa. Un incremento di r tende a ridurre la probabilità di default a causa dell'effetto sul *drift term* del processo risk neutral per V, tale per cui a fronte di un rialzo di r si registra una diminuzione del credit spread. È altrettanto vero che la dimensione di tale decremento dipenderà a sua volta anche da ρ.

Un altro aspetto molto importante studiato nel modello di LS riguarda il movimento della *term* dei credit spread al variare del grado di correlazione tra il tasso di rendimento degli assets e il tasso di interesse a breve r. Gli effetti di tale correlazione si presentano assai significativi per la nostra analisi se si osserva, per esempio, che lo spread del bond con una scadenza nel medio-lungo, cresce di circa 27 basis points, non appena la correlazione passa da - 0.50 a + 0.50. Intuitivamente il motivo per cui lo spread cresce con ϱ va ricercato nel fatto che la distribuzione risk neutral dei valori futuri di V dipende da r. Di conseguenza la varianza delle variazioni del valore aziendale V durante la vita del bond dipenderà dalla correlazione tra i rendimenti di V e i cambiamenti di r. Quando ρ è positivo, il termine covarianza positivo si va ad aggiungere all'insieme dei termini varianza delle singole parti, e ciò comporterà un aumento della probabilità che la soglia critica venga raggiunta durante la vita del titolo con conseguente aumento del grado di rischio implicito.

I risultati che in generale sono stati ottenuti dal modello per quanto riguarda la determinazione dei credit spread dimostrano come la loro "dimensione" risulta essere in linea con quelli osservati direttamente sul mercato del debito. Un risultato questo, molto interessante per tutti gli operatori del mercato se si pensa che nel modello di Merton si raggiungevano valori sottostimati degli stessi, e quindi credit spread evidentemente più bassi. In generale, ci aspetteremo un comportamento dei credit spread del tipo: variazioni a rialzo, sia in termini assoluti che relativi, non appena il rating subisce una variazione nella direzione opposta. Tuttavia è stato osservato nel mercato che bonds con lo stesso rating, ma emessi da società appartenenti a settori diversi, presentavano credit spread assai differenti. Ciò dimostra come il solo rating non sia una misura sufficiente per un giudicare il grado di rischio di un corporate bond.

La presentazione del modello andrebbe completata affrontando la procedura di valutazione dei titoli con cedole periodiche. In questa sede non ci preoccuperemo di tale aspetto perché poco coerente con il contenuto di siffatto lavoro; ci basti ricordare che il modello è stato in grado di formulare espressioni in forma chiusa per la valutazione di obbligazioni societarie sia a tasso fisso che a tasso variabile, soggette tanto al rischio di default quanto al rischio di interesse.

Sicuramente lo schema di valutazione del debito rischioso presentatoci da Longstaff e Schwartz fornisce interessanti implicazioni empiriche. Una delle tante, forse la più interessante risiede nel fatto che i credit spread dei corporate bonds sono il risultato dell'influenza di due variabili: il valore degli assets aziendali e il tasso di interesse. Inoltre la stessa correlazione tra le due variabili gioca un ruolo critico nella determinazione delle proprietà degli spread. Il tutto in contrasto con le risultanze dell'approccio tradizionale di Merton in cui lo spread risulta una funzione del solo valore degli assets aziendali. Gli stessi risultati empirici sembrano aver confermato come le variazioni sui credit spread causate da variazioni dei tassi risultano essere più importanti ed incisive rispetto a quelle derivate da cambiamenti nel valore aziendale.

In conclusione è stato elaborato un nuovo schema per la

valutazione del debito corporate che incorpora entrambe le tipologie di rischio: rischio di default e rischio di interesse. Un modello che può essere applicato direttamente per valutare il debito societario anche quando siano presenti più emissioni o più pagamenti di cedole in date anche non coincidenti, dunque, anche in presenza di una struttura del capitale assai complessa (superando così il limite legato alle ipotesi dei tradizionali modelli per cui l'analisi poteva essere fatta solamente in aziende con strutture societarie semplici).

Inoltre la definizione del default in termini di valore aziendale non appena raggiunge il valore soglia costante *K*, per cui l'azienda diventerebbe insolvente su tutte le emissioni in essere, permette così di rinunciare alla regola della priorità assoluta. Se il rispetto di tale regola non è assolutamente garantito dal modello, il debito senior non giocherà un ruolo centrale e questo viene di fatto evidenziato nel valore dei *writedowns*. Infatti, tali valori come i valori dei tassi di recupero sono fissati costanti in proporzione al valore nominale del bond. Un'importante caratteristica del modello è quella per cui i recovery rates nell'eventualità del default sono variabili esogene e indipendenti dal valore degli assets. In generale i tassi di recupero sono definiti da un tasso fisso da applicare al valore del debito insoluto e perciò indipendente dalla probabilità di default, dal valore aziendale. I due autori affermarono che guardando alle serie storiche delle probabilità di default e dei recovery rates distinte per classi di debito di azienda confrontabili si potevano ottenere stime fidate dei recovery rates. È un modello che fornisce una serie di spunti notevoli ai fini della valutazione del debito rischioso a cominciare dalla considerazione di strutture stocastiche dei tassi di interesse, delle correlazioni tra le stesse e i defaults, nella convinzione che tale relazione abbia un impatto significativo nella costruzione della term dei credit spread. In particolare, il modello fa notare come i credit spread risultino inversamente legati ai tassi di interesse; fa vedere come le strutture a termine dei credits spread possono assumere forme diverse, ed anche, che le differenze tra credit spread di società operanti in settori diversi siano influenzati dal grado di correlazione tra i rendimenti dell'equity e i cambiamenti dei tassi di interesse e che le variazioni di quest'ultimi influenzino in misura maggiore il valore dei credit spread dei bonds investiment-grade rispetto alle modifiche del valore aziendale. Senza dubbio il risultato più evidente è quello per cui entrambe le tipologie di rischio, di interesse e di default sono due componenti assolutamente fondamentali per un qualsiasi modello di pricing dal debito corporate. In definitiva è un modello che offre interessanti spunti di valutazione, un modello nel quale è stato realizzato uno schema di analisi molto più vicino alla realtà, cioè adatto per un numero sufficientemente grande di aziende; un modello che ha altresì presentato numerosi miglioramenti rispetto al modello tradizionale di Merton. Non potremmo concludere la trattazione del modello senza riportarne brevemente i limiti. Sono tre in verità, le principali limitazioni di tale modello che giustificherebbero il perché di una sua performance empirica alquanto scadente. Innanzitutto, come nel modello di Merton, anche in questo modello si richiede la stima di parametri e la disponibilità di dati per il calcolo del valore aziendale né facilmente ricavabili né direttamente osservabili. Secondariamente, tale modello in quanto appartenente alla famiglia dei strutturali non tiene conto dei cambiamenti delle classi di rating che invece si manifestano molto frequentemente nel mondo delle industrie. È noto che la maggior parte dei corporate bonds subisce dei downgrading prima dell'evento default, e che lo studio di queste "migrazioni" potrebbe essere molto efficace nel ridurre l'incertezza connessa al rischio di credito. Infine, assumere che il valore dell'azienda varia nel continuo secondo un processo stocastico diffusivo continuo, riduce l'incertezza del default. Infatti, se conosciamo tutti i parametri della formula, il valore futuro dell'attivo può essere previsto in anticipo per cui, anche inserendo una barriera costante, il default non è una *sudden surprise*. Del resto è la stessa conclusione cui siamo giunti analizzando i modelli precedenti; ciò è dovuto al fatto che tutti i modelli strutturali soffrono di tale difetto.

3.4 IL MODELLO DI SAA' REQUEJO, SANTA CLARA

Il lavoro di Saa'Requejo e Santa Clara consistette nell'elaborazione di un modello di valutazione fondato sostanzialmente sulla ripresa dei due principali lavori precedenti:

■ sostennero sia il vantaggio "economic-meaning" dei modelli strutturali che l'assunzione dei modelli Black e Cox, Longstaff e Schwartz che consideravano una barriera di default continua tale per cui l'insolvenza poteva verificarsi in un qualsiasi momento tra la data di stipulazione del contratto finanziario e la data di scadenza T. Evidenziarono pure una debolezza dei modelli in forma ridotta secondo cui non esisteva una qualche risoluzione sull'incertezza connessa all'arrivo dell'evento default.

■ ripresero l'idea di evitare una diretta parametrizzazione in termini del valore aziendale V e del punto di default K, esaminando invece direttamente il loro coefficiente dato appunto dal rapporto tra V e K (come nel modello di Longstaff e Schwartz).

Tuttavia i due autori criticarono un aspetto tipico dei modelli strutturali: se V è una qualche attività che gli agenti sono intenzionati a tenere, il suo *drift* aggiustato al rischio è r, il tasso istantaneo di interesse diminuito di un qualche tasso di payout atteso. Nei due schemi di Black e Cox, Longstaff e Schwartz essendo K costante, applicando il lemma di Ito si ottiene che il *drift* del logaritmo naturale di X è proprio r. I due autori fecero così notare che questa dipendenza era incoerente con l'evento di default, essendo interpretata come causata dall'insolvenza senza il tasso di payout delle passività cui corrisponde lo stesso r. Ècosì che nel loro modello la barriera di default *K* è assimilata propriamente al valore delle passività aziendali.

Iniziando con la presentazione del modello si vuole innanzitutto chiarire che buona parte delle ipotesi di base sono le stesse a quelle citate di sopra per gli altri modelli, si fa così riferimento:

✓ all'esistenza di mercati perfetti;

✓ all'assenza di tasse, di costi di transizione come di attriti di vario tipo;

✓ all'assenza di asimmetrie informative;

✓ alla validità del teorema di Modigliani-Miller;

✓ al fallimento concomitante su tutte le emissioni in essere in caso di default.

Nel modello si fa inoltre riferimento al concetto di probabilità di default corretta per il rischio, tale per cui il valore di un corporate bond è dato dal valore atteso dei payoff del titolo scontati al tasso di interesse istantaneo.

Un elemento innovativo di tale modello è stato che sono stati introdotti due processi diffusivi, l'uno per $\dfrac{dV}{V}$ e l'altro per $\dfrac{dK}{K}$.

Ipotizzando di voler valutare il debito rischioso di un'azienda con una struttura del capitale che contiene titoli di varia natura; la dinamica aggiustata per il rischio del valore aziendale V è così espressa:

$$\frac{dV(t)}{V(t)} = [r(t) - \delta_v]dt + \sigma_v dZ_v(t) \quad (3.37)$$

mentre per K, definita dal valore delle passività, la sua dinamica corretta per il rischio dipendente da V e da r è :

$$\frac{dK(t)}{K} = \left[r(t) - \delta_k\right]dt + \sigma_{kr}\,dZ_r + \sigma_{kv}\,dZ_v(t) \quad (3.38)$$

dove σ_v, σ_{kr}, σ_{kv} sono parametri costanti che indicano la volatilità dei rendimenti di V

e le volatilità delle variazioni di K dovute ai cambiamenti dei tassi di interesse e alle variazioni di V rispettivamente;

δ_v è il tasso costante di payout per gli investitori nell'azienda,

δ_k è invece il tasso di payout, stabilito anch'esso costante, per i detentori delle obbligazioni emesse dall'azienda;

r è il tasso di interesse spontaneo cui viene assegnato una dinamica non ancora specificata Z_r (moto browniano);

Z_v è un moto browniano standard sotto la misura di probabilità corretta per il rischio (Q), a sua volta correlato al moto Z_r secondo il coefficiente di correlazione ρ_{rv}.

In tal modo i due autori sono stati capaci di determinare una barriera di default stocastica molto più generale rispetto alle precedenti proposte; ed inoltre, essendo K collegato al valore del debito aziendale, è dunque caratterizzato da un grado di incertezza dipendente dal valore degli assets e dal livello del tasso r.

Aver così definito due processi stocastici, rispettivamente per V e per K, ci permette di poter derivare, attraverso il lemma di Ito la seguente espressione per spiegare la dinamica corretta per il rischio del quoziente di solvibilità X :

$$dX = \mu dt + \sigma dZ_x(t) \quad (3.39)$$

dove i coefficienti sono dati da :

$$\mu = \delta_k - \delta_v - \frac{1}{2}\left(\sigma_v^2 - \left(\sigma_{kv}^2 + \sigma_{kr}^2 + 2\rho_{rv}\sigma_{kv}\sigma_{kr}\right)\right) \quad (3.39.\text{a})$$

e

$$\sigma^2 = \left(\sigma_v - \sigma_{kv}\right)^2 + \sigma_{kr}^2 - 2\rho_{rv}\left(\sigma_v - \sigma_{kv}\right)\sigma_{kr} \quad (3.39.\text{b})$$

dove ρ_{rv} è il coefficiente di correlazione tra r e V, mentre Z_x è un nuovo moto browniano così definito:

$$\sigma Z_x(s) = \left(\sigma_v - \sigma_{kv}\right)Z_v(s) - \sigma_{kr}Z_r \quad (3.39.\text{c})$$

correlato a Z_r con coefficiente di correlazione lineare:

$$\rho = \left[\sigma_{rv}\left(\sigma_v - \sigma_{kv}\right) - \sigma_{kr}\right] / \sigma \quad (3.39.\text{d})$$

Date le suddette notazioni, il modello ci presenta un rigoroso "trattamento" della barriera stocastica, così definita, da cui derivare spunti interessanti ai fini di una sua implementazione empirica. Nel documento: *"Bond Pricing with Default Risk", Working Paper 1997* ci viene presentata la formula di pricing di uno zero-coupon soggetto al rischio di default che scade in T:

$$D(t,T) = P(t,T) - E_t \left[W(T) I_{\{\tau<T\}} e^{-\int_t^T r(u)du} \right] \quad (3.40)$$

Dove:

$D(t,T)$ è il valore al tempo t dello ZC rischioso;

$P(t,T)$ è il valore al tempo t dello ZC privo di rischio con analoga maturity;

E_t è un operatore di probabilità;

$W(t)$ è il *writedown* in caso di default (perdita che si realizzerebbe alla maturità);

$I_{\{\tau<T\}}$ è la funzione indicatore dell'eventualità che il default accada prima della scadenza del titolo; τ è il momento in cui V raggiunge la soglia di default K;

r è il tasso istantaneo privo di rischio.

Si osserva che il valore atteso è misurato prendendo in considerazione una misura di probabilità corretta per il rischio. Siffatta misura di probabilità sotto le ipotesi di mercato perfetto equivale all'ipotesi di assenza di opportunità di arbitraggi, ipotesi propria dei modelli strutturali già esaminati.

La costruzione di un modello di prezzamento del rischio di credito richiede perciò la definizione di tre diversi elementi relativi appunto alle obbligazioni: il writedown nell'eventualità di default, l'evento di default e la dinamica dei tassi di interesse spot risk free.

A proposito del primo punto potremmo rifarci a due distinti schemi: l'approccio tradizionale di Black, Scholes e Merton, basato sul rispetto assoluto della *strict priority rule*, e prevede che in caso di liquidazione, gli assets saranno assegnati ai vari creditori secondo il loro grado di priorità. Tale criterio, infatti, pur presentandosi concettualmente interessante, tuttavia non sempre può essere utilizzato nella pratica; potrà essere applicato per la valutazione di titoli ZC emessi da società con strutture del capitale molto semplice. Inoltre non ammette una possibile violazione della regola sulla priorità assoluta quando invece, ciò si verifica frequentemente nella realtà.

Diversa è, evidentemente, la logica seguita dall'approccio iniziato da Longstaff e Schwartz dove la perdita a scadenza in caso di default W(t) è data esogenamente, indipendente dal valore aziendale e ottenuta guardando alle serie storiche delle perdite verificatesi nel tempo fra aziende confrontabili per le varie classi di debito.

Il modello di Saa' Requejo e Santa Clara segue lo schema di LS per cui il writedown verrà definito da un valore esogeno costante, potendo in tal modo condurre la valutazione di un tipo di obbligazione in modo del tutto indipendente da quella di altre, emesse dalla stessa società. Sicuramente siffatto criterio permette di esaminare titoli di vario tipo, con o senza cedole, emessi da società con strutture del capitale non necessariamente semplici.

Precisamente un'obbligazione con cedole sarà prezzata secondo l'intuizione di Fischer, cioè come somma del valore atteso dei futuri flussi di cassa attesi.

È opportuno ricordare che nella realtà ogni emissione è caratterizzata da un suo specifico *writedown* variabile secondo la priorità, del potere contrattuale e delle garanzie, per cui l'ipotesi di un valore costante di writedown semplifica notevolmente il problema.

Per quanto riguarda invece l'evento di default, questo è definito seguendo le medesime regole dei precedenti modelli strutturali (in particolare più vicino al modello di LS). Come per gli altri modelli esaminati, si comincia, dapprima stabilendo un processo che spieghi la dinamica del valore aziendale, per poi definire l'evento default come la prima volta in cui tale valore supera una determinata barriera di default K, con conseguente incapacità finanziaria dell'azienda di far fronte ai debiti in essere.

In pratica, il default si manifesta sia per l'incapacità dell'azienda di adempiere ad un pagamento, insolvenza *flow-based*, sia per l'abbattimento del valore dell'attivo sotto il valore del passivo, insolvenza *stock-based*.

In verità, in un mondo senza inefficienze il default si può verificare solo nell'evento di insolvenza *stock-based*. Nel caso di insolvenza *flow-based*, ci si troverebbe di fronte all'incapacità della società, esaurito il proprio cash flow, di raccogliere nuovi finanziamenti sul mercato; si tratterebbe perciò di un incoerenza vista l'ipotesi di mercati perfetti.

Di conseguenza V e K possono essere variamente definiti; V può rappresentare il valore totale dell'attivo oppure il valore di liquidazione dello stesso, come K può indicare il valore di mercato del debito totale, il valore del solo debito senior oppure il valore attuale del debito scontato al tasso risk free.

A ogni modo i due valori sottintendono due assets, perciò, sotto una misura di probabilità corretta per il rischio, la loro variazione dovrebbe essere pari a r meno il tasso di payout.

Nel nostro caso, almeno teoricamente, V e K non giocano un ruolo così diretto, perché ciò che più interessa è il quando la probabilità corretta per il rischio del rapporto tra V e K, cioè il tasso di solvenza dell'azienda raggiunge l'unità. Possiamo notare che se i payout sono pari a zero[10], quando la volatilità degli assets è maggiore della volatilità del debito, la variazione di X è negativa. In tal caso la probabilità di default, corretta per il rischio, tende all'unità al tendere di T all'infinito.

Infine per ciò che riguarda la spiegazione della dinamica del tasso di interesse, il modello non fa riferimento a nulla di preciso, ma

---

[10] Avere tassi di payout pari a zero significa che i pagamenti verso i detentori di obbligazioni emesse dalla società sono effettuati emettendo nuovo debito, ed anche i pagamenti verso gli azionisti sono finanziati emettendo nuove azioni.

sembra idoneo per schemi di diversa tipologia.

A questo punto, dopo aver definito l'evento di default e stabilito le caratteristiche delle variabili che entrano in gioco nel modello, giungiamo alla formula di pricing del titolo rischioso. Riformuliamo la (3.40):

$$D(t,T) = P(t,T) - WE_t \left[I_{\{\tau < T\}} e^{-\int_t^T r(u)du} \right]$$

$$= P(t,T) - WP(t,T)E_t \left[I_{\{\tau < T\}} \right]$$

$$= P(t,T) - WP(t,T)Q_t^T \left(\{\tau < T\} \right) \quad (3.41)$$

dove $Q_t^T \left(\{\tau < T\} \right)$ è la probabilità a termine, corretta per il rischio che il default si verifichi prima della scadenza T, posto che nessuna insolvenza si sia verificata fino all'epoca t, ovvero, è la probabilità sotto la quale i prezzi delle attività, normalizzati per i prezzi di un'obbligazione priva di rischio con scadenza T, sono *martingales*[11].

Introducendo una nuova misura di probabilità Q, la dinamica del quoziente di solvibilità X sarà così definita:

$$dX = \left(\mu - \rho_{rv} \sigma s(t,T) \right) dt + \sigma dW_x \quad (3.42)$$

dove osserviamo che il moto browniano Z_x è stato sostituito da un nuovo moto browniano standard W_x che include nel *drift* il termine $\left(- \rho_{rv} \sigma s(t,T) \right)$; s(t,T) è la volatilità del prezzo di un *treasury bond* con scadenza in T.

---

[11] Si veda il capitolo 2

Il termine aggiunto $\left(- \rho_{rv} \sigma s(t, T)\right)$ serve a correggere la dinamica di X per il rischio di interesse e per la sua correlazione con il rischio di default. Se la correlazione tra le due fonti di rischio è positiva, cioè $\rho < 0$ si realizza un incremento nella variazione di X, rendendo più piccola la probabilità foward, corretta per il rischio, che si verifichi il default; se invece $\rho > 0$ ccade il contrario. Naturalmente le probabilità di default per l'azienda saranno diverse a seconda che si prendano in considerazione delle misure a pronti o a termine; l'uguaglianza tra le due si verifica solo quando il rischio di insolvenza è indipendente dal tasso di interesse.

In conclusione il modello si presta bene per la valutazione di obbligazioni societarie soggette al rischio di default, e presenta molti punti in comune con i precedenti modelli di Cox e Black, e di Longstaff e Schwartz.

3.5 IL MODELLO DI ZHOU

I diversi modelli strutturali fin qui presentati mostrano un comune denominatore: l'utilizzo di un processo diffusivo continuo per spiegare la dinamica dell'evoluzione futura del valore aziendale.

In letteratura sono noti due approcci base per modellare il rischio di credito nella valutazione del corporate debt. Un primo approccio[12] introdotto da Black & Scholes (1973) e Merton (1974), successivamente applicato da Cox e Black (1976), Longstaff e Schwartz (1995), ed altri, secondo cui il default si verifica quando il valore dell'azienda "cade" al di sotto di una certa soglia, definita

---

[12] Questo approccio per la valutazione del debito rischioso è stato definito "strutturale" perché si studia la struttura del capitale della società per derivare la probabilità di default.

esogenamente, o al di sotto del valore del suo debito.

Un approccio basato sull'assunzione, certamente discutibile, per cui la dinamica del valore aziendale è spiegata da un processo diffusivo, tale da escludere a priori qualsiasi variazione a ribasso improvvisa del valore e quindi default inaspettati.

L'approccio alternativo è quello seguito da Duffie e Singleton (1994), Jarrow, Lando e Turnubull (1994) ed altri, che invece non considerano una relazione esplicita tra valore aziendale e default (approccio *reduced-form*). La nostra attenzione è centrata sull'analisi dei modelli strutturali, dove, se da un lato, l'approccio di base si presta molto più pratico e conveniente, ed ha perciò trovato numerosi sostenitori; dall'altro lato, rivela la sua incapacità di produrre risultati in linea con il mercato. L'evidenza empirica ha, infatti, dimostrato come il modello diffusivo elaborato per la prima volta da Merton produceva sistematicamente credit spread troppo bassi rispetto a quelli osservati direttamente sul mercato. Il modello commetteva così errori di sottostima non trascurabili, svelando dunque la sua scadente abilità nel giudicarne il grado di rischiosità nelle obbligazioni societarie. In verità il problema più grande era legato al fatto che, l'ipotesi sulla dinamica del valore aziendale non riconosceva variazioni improvvise e quindi eventuali fallimenti a sorpresa. Il default era invece il risultato di un lungo percorso di diminuzioni a catena del valore aziendale che si concludeva nel momento in cui il valore raggiungeva la barriera di default, rendendo così l'evento default "facilmente" prevedibile. Naturalmente un approccio di questo genere si prestava ad inevitabili critiche.

Infatti, immediata fu la riflessione secondo la quale se un'impresa gode allo stato attuale di ottima salute, sotto l'ipotesi di un processo diffusivo, l'impresa non potrà fallire all'improvviso, per cui la sua probabilità di default sui debiti a breve sarà inevitabilmente zero e conseguentemente i credit spread per tali debiti saranno nulli e quindi la term structure dei credit spread sarà strettamente crescente nel breve. Sicuramente quanto ci viene suggerito non può essere accolto in piena fede, dal momento che, il mercato, diversamente, ci mostra spread sempre positivi anche per i bonds a breve, come forme varie di term structure: piatte, decrescenti, prima crescenti e poi decrescenti.

Se dunque un processo diffusivo non possiede quelle caratteristiche necessarie per garantire una rappresentazione della realtà quanto più coerente possibile, è perciò necessario riprendere una diversa metodologia di analisi. A tale scopo C. Zhou elabora un modello, reso pubblico nell'articolo: *"A Jump Diffusion Approach to Modelling Credit Risk and Valuing Defaultable Securities" (1997)*, nel quale inserisce la sua una novità: un processo misto di diffusione a salti per descrivere il cammino futuro del valore aziendale.

Si preferisce indicare subito la formula che utilizza Zhou per descrivere la dinamica del valore aziendale, per poi passare allo studio più dettagliato del modello:

$$\frac{dV}{V} = (\mu - \lambda \upsilon)dt + \sigma dZ_1 + (\Pi - 1)dY \quad (3.43)$$

dove:

μ, λ, υ e σ sono delle costanti positive;

Z_1 è un moto browniano standard;

dY è un processo di Poisson con intensità di parametro λ;

$\Pi > 0$ è l'ampiezza del salto con valore atteso pari a $\upsilon + 1$

Z_1, dY, sono tra loro indipendenti.

Si assume che l'ampiezza dei salti sia una variabile casuale che si distribuisce secondo una funzione lognormale, $\ln(\Pi) \sim N(\mu_\pi, \sigma_\pi^2)$.

Dato che υ è uguale al valore atteso della componente salto ($\Pi - 1$), μ rappresenta quindi il tasso istantaneo atteso di variazione del valore aziendale.

Un processo diverso ma sicuramente innovativo, capace, infatti, di accogliere non soltanto fallimenti "prevedibili" causati da un lento e continuo peggioramento del valore aziendale ma altresì fallimenti a "sorpresa" causati da improvvise cadute del valore aziendale, riunendo, in tal modo, in un unico schema di analisi la possibilità che la società fallisca sia per cause attese che per cause inattese. In tale processo la dinamica del valore aziendale è quindi spiegata da due componenti: l'una data dal processo diffusivo continuo, del tutto analogo a quello già visto per i precedenti lavori che spiegherebbe i movimenti attesi o normali del valore aziendale dovuti a cambiamenti delle condizione economiche o all'arrivo di nuove informazioni; l'altra casuale, definita da un processo discontinuo a salti (processo di Poisson) che concorre a determinare la componente random ed incerta della probabilità di default e descrive, al contrario, i cambiamenti inattesi causati dall'arrivo di nuove informazioni che hanno un impatto significativo sul valore dell'azienda. Questa componente è definita per l'appunto *firm specific*, e per questa ragione non è legata alle vicende del mercato. Tale processo risulta così, più appropriato ai fini della nostra analisi dal momento che riflette con maggior attenzione la dinamica effettiva del valore della società, e cioè che il valore aziendale varia nel continuo e che lo stesso può subire improvvise cadute. Evidenziate le peculiarità del modello, procediamo con lo studio degli altri elementi di analisi. Sostanzialmente il modello si basa sulle medesime assunzioni utilizzate nei precedenti modelli (validità del teorema di Modigliani- Miller; esistenza di mercati perfetti; assenza di tasse, di opportunità di arbitraggi, e di frizioni; negoziazione dei titoli nel continuo; costanza della term structure dei tassi di interesse di breve). Nel modello viene inoltre ripreso il modello CAPM (capital asset pricing model) per la derivazione dei tassi di rendimento di equilibrio per i titoli presenti sul mercato. Anche nel lavoro di Zhou si assume infatti l'esistenza di un valore soglia, costante K che indica il punto di default; se il valore aziendale raggiunge K, l'azienda inevitabilmente dovrà dichiarare lo stato di bancarotta ove il fallimento riguarderà tutte le obbligazioni emesse.

Data una barriera di default costante, come in LS, s'individua il rapporto X tra V e K, la cui dinamica sarà definita da un'espressione analoga alla (3.43).

Tuttavia i lavori di Longstaff e Schwartz, e quello di Cox e Black assumono che, in caso di default, il valore della società abbia sempre lo stesso valore costante K. In Zhou, invece, tale valore può essere un qualsiasi numero casualmente distribuito nell'intervallo $(0, K]$, dovuto al fatto che V è anche definita dalla componente random, a salti. Se dunque l'approccio di LS è stato in parte apprezzato perché metteva in evidenza il ruolo di primo piano che il valore dell'azienda aveva nel determinare il default, tuttavia, non permetteva di legare le variazioni del tasso di recupero del titolo rischioso al valore residuo della società fallita. È per tale ragione, che Zhou definisce un tasso di recupero funzione del valore aziendale, e quindi variabile. Se dunque si verifica il default durante la vita del bond, il detentore riceverà a scadenza $(1 - w(X_S))$ moltiplicato per il valore facciale del titolo, dove s indica il minore tra τ, il momento in cui ha luogo il default, e T, la data di scadenza del debito. Come nei lavori precedenti, w rappresenta il *writedown* del bond in caso di default, e risulta una funzione non crescente di X. Ad ogni modo il modello di Zhou sembra confermarci la variabilità di w secondo la tipologia di titoli, legando direttamente il valore di tale parametro al valore dell'azienda (w come *bond-specific*).

Definiti gli elementi che entrano in gioco nella valutazione del bond, si procederà passo dopo passo per la ricerca della formula di pricing finale che non sempre sarà possibile ottenere. Punto di partenza è in ogni caso, la ripresa dell'equazione differenziale parziale introdotta da Merton:

$$\frac{1}{2}\sigma^2 X^2 H_{xx} + (r - \lambda\upsilon)XH_x - rH + \lambda E_t\left[H(X\Pi,T) - H(X,T)\right] = H_t$$

(3.44)

Teoricamente il prezzo di un titolo potrebbe essere ottenuto, risolvendo la (3.44), sotto opportune condizioni di contorno. Purtroppo non sarà sempre possibile ricavare dalla (3.44) una soluzione analitica in forma chiusa per il prezzo del titolo.

Una procedura per la di un bond in un contesto più semplificato in cui il default può verificarsi in un qualsiasi momento, ci viene data riformulando la quinta assunzione del modello di Zhou che diventa:

La struttura del capitale della società è definita da due sole fonti di finanziamento: a) un'emissione di zero-coupon con scadenza in T; b) equity per la parte residua. La società promette di pagare $1 alla scadenza T, ma, se il valore V risulta inferiore a K, l'azienda risulterà insolvente.

Tale assunzione, uguale a quella di Merton, semplifica sicuramente il modello dal momento che il default potrà verificarsi soltanto in una precisa data, piuttosto che in una data stocastica.

Sotto tale assunzione e tenendo conto delle altre assunzioni del modello, il prezzo del bond rischioso B(X, r, T) che promette di pagare $1 alla scadenza T è ottenuto dalla seguente espressione:

$$B(X,r,T) = E^Q\left[\exp\left(-\int_0^T rdt\right)\left(I_{\tau>T} + (1 - w(X_\tau))I_{\tau\leq T}\right)\right]$$ (3.45)

con Q la probabilità di default corretta per il rischio; I la funzione indicatore di default.

Si dimostra come il modello sia in grado di definire strutture a termine dei credits spread di diversa forma, coerenti perciò con quelle derivate direttamente dai dati di mercato; come le probabilità di default e i credit spread sui titoli a breve di aziende, eventualmente anche in buona salute, siano diversi da zero. Infatti la presenza di una componente casuale, che accresce il grado di incertezza sul valore futuro degli assets, rappresenta un rischio addizionale per gli investitori che andrà compensato con premio aggiuntivo in termini di credit spread. In definitiva, la maggiore flessibilità del modello che deriva appunto dall' utilizzo di un processo a "salti", definisce interessanti implicazioni pratiche:

1) la term structure dei credit spread può essere di varie forme: crescente, piatta, a gobba o decrescente (forme piatte o decrescenti non possono invece esistere nei modelli strutturali a meno che l'azienda non si trovi in una situazione di stress finanziario).

2) le probabilità di default ed i credit spread di bonds di breve termine ed emessi da società di buona creditizia possono essere maggiore di zero.

3) il valore residuo della società in caso di default è una variabile casuale.

La somma che i bondholders ricevono in caso di default, dipende principalmente dal valore finale della società, un valore casuale perché soggetto a possibili "salti", che provoca, endogenamente, variazioni nei tassi di recupero.

Dal momento che il valore aziendale in caso di fallimento non è mantenuto costante, anche i tassi di recupero che risultano legati a tale valore, nell'eventualità del default assumeranno valori casuali; perciò altrettanto variabile sarà il payoff del bondholder. Sicuramente il livello del tasso di recupero (RR) sarà correlato positivamente con la qualità del titolo e quindi con la qualità creditizia dell'emittente. Ed infatti se aumenta la volatilità della componente random, cresce anche la volatilità del *writedown* tale per cui, in assenza di tale componente, la perdita sul titolo sarebbe deterministica. Quanto detto ci fornisce una spiegazione al perché anche i RR anche su titoli simili, si presentano molto volatili e quindi imprevedibili.

Per ultimo si osserva che le obbligazioni a breve termine poiché maggiormente influenzate dalla componente casuale, hanno tendenzialmente *writedown* maggiori rispetto a quelli di obbligazioni a media-lungo termine. Certamente il modello evidenzia l'importanza delle due forze, che spiegano la dinamica del valore aziendale, nella valutazione del debito societario. Il modello si è distinto sostanzialmente dai precedenti modelli strutturali per una sua maggior flessibilità delle metodologie di valutazione anche se la necessità di individuare una soluzione analitica al problema ha necessariamente preteso la ripresa di quelle pesanti limitazioni di Merton; mentre una risoluzione più generale richiede l'utilizzo dell'approccio Monte Carlo basato sulle tecniche di simulazione.

I RECENTI CONTRIBUTI

Nel corso degli ultimi anni si è sviluppato un nuovo filone di modelli strutturali contenente i modelli elaborati da Anderson e Sundaresan (1996), Leland e Toft (1996), Mella - Barral e Perraudin (1997), che racchiude i vari tentativi degli autori di "rilassare" quelle assunzioni troppo forti e tipiche di quei modelli del primo filone basati sostanzialmente sui principi dell'option pricing theory.

Sono modelli nuovi nei quali si cerca di catturare gli effetti sul valore del debito societario legati alla presenza di tasse, di costi di transizione, di procedure di negoziazione post-default tra le parti interessate, di comportamenti opportunistici degli azionisti atti a violare la regola della priorità assoluta.

Per esempio, molto comunemente, gli azionisti, nonostante il fallimento della società, riescono a trattenere qualcosa dalle procedure di liquidazione, anche se, le richieste dei debitori senior non siano state del tutto soddisfatte. In sostanza, si cerca in tali modelli di sottoporre la valutazione dei titoli rischiosi a condizioni più reali e proprie della maggior parte delle aziende operanti nel mercato. Un aspetto sicuramente rilevante dei nuovi modelli strutturali riguarda la definizione della barriera di default, non più fissata in modo deterministico ma ancorata ad un processo endogeno fortemente influenzato dalle contrattazioni tra le parti interessate al default aziendale. Precisamente, nel modello di Leland il punto di default è determinato dal punto in cui le azioni hanno valore nullo. Come anche la considerazione del ruolo delle parti, una volta che l'azienda è stata dichiarata fallita, non implica più il passaggio automatico della proprietà della società a favore dei creditori.

Questi molto spesso, per evitare di sottoporsi a procedure giudiziarie lunghe e costose, preferiscono, ad esempio, optare per una rinegoziazione del debito con la società stessa.

Si tratta sicuramente di modelli che in virtù delle considerazione fatte, hanno fornito risultati più incoraggianti e forse più vicini al mercato, tuttavia sono modelli la cui elevata complessità e artificiosità hanno ostacolato la loro implementazione come l'ottenimento di soluzioni in forma chiusa senza la necessità di dover comunque inserire delle condizioni di base.

Nella pagina successiva è riportata una tabella riepilogativa dei principali aspetti che distinguono i diversi modelli esaminati precedentemente. Si ricorda che, comunque, la valutazione in tali modelli strutturali si svolge sotto le ipotesi di: mercati perfetti, privi di frizioni, tasse, costi di transizione, opportunità di arbitraggio, e dove i titoli vengono negoziati nel continuo in un mondo neutrale al rischio.

UN CONFRONTO TRA I DIVERSI MODELLI DI VALUTAZIONE DEL RISCHIO DI CREDITO					
MODELLO	**MERTON**	**COX BLACK**	**LONGSTAF SCHWARTZ**	**SAA' REQUEJO SANTA CLARA**	**ZHOU**
Tipo di processo stocastico per la dinamica del valore aziendale V	Processo stocastico diffusivo continuo	Processo stocastico diffusivo continuo	Processo stocastico diffusivo continuo	Processo stocastico diffusivo continuo	Processo misto di diffusione a salti
Term structure dei tassi di interesse	Statica (il modello considera solo il rischio di default)	Statica	Stocastica (il modello considera il rischio default e il rischio tasso)	Stocastica	Statica
Tipologia di Barriera di default	Predefinita, pari al valore nominale del debito	Predefinita esogenament e dalla safety covenant	Definita esogenament e costante	Stocastica	Definita esogenament e costante
Timing del default	Alla scadenza	Qualunque epoca	Qualunque epoca	Qualunque epoca	Qualunque epoca
Natura del tasso di recupero	Endogena	Endogena	Esogena (in generale è dato da un valore fisso)	Esogena	Endogena
Grado di imprevedibilità dell'evento di default	Basso	Basso	Basso	Mediocre (per la barriera stocastica)	Medio-alto (per l'imprevedibil ità di V)
Struttura del capitale	Semplice (una sola forma di debito) Absolute priority rule	Ammesse forme di debito subordinato; Absolute priority rule	Complessa, No Absolute priority rule	Complessa, No Absolute priority rule	Complessa, No Absolute prioriry rule

CONCLUSIONI

Considerato che il rischio di credito connesso all'eventualità che il debitore non onori il proprio impegno a scadenza, riguarda in modo considerevole i contratti finanziari in esame e talvolta, anzi ne rappresenta l'elemento caratterizzante, di certo, questa fonte di rischio non potrà essere trascurata o tanto meno sottovalutata.

La gestione e la misurazione del rischio di credito sono ormai divenute particolarmente critiche, non solamente per banche ed istituzioni finanziarie per la determinazione di una corretta politica di pricing che rifletta in modo adeguato il profilo di rischio di un impiego: è necessario che il pricing del prestito sia in grado di remunerare il capitale idealmente assorbito dall'operazione[1]. Anche la valutazione corretta di un corporate bond, di un prestito, di un derivato OTC soggetto a rischio di credito coinvolge oramai l'interesse di tutti gli operatori del mercato del credito: intermediari finanziari, libero professionista, investitore individuale, in breve, chiunque interessato a conoscerne il grado di rischio di insolvenza insito in una specifica scelta di investimento. In più si è aggiunta la necessità di valutare nuovi strumenti finanziari, i credit derivates che sempre più si stanno affermando nel mercato del credito e il cui valore è fortemente legato all'evoluzione del merito creditizio dell'affidato. Se dunque numerosi e variegati sono i motivi che hanno favorito lo sviluppo di strumenti di misurazione del rischio di credito delle posizioni *credit risk sensitive*, altrettanto numerosi sono stati i lavori compiuti a tal fine dagli esperti in materia.

---

[1] Si fa riferimento ai vincoli patrimoniali che condizionano la gestione degli intermediari finanziari: il grado di capitalizzazione, infatti, non può non considerare tipo e livello di rischio assunto.

La letteratura finanziaria ha così collezionato una varietà di lavori di pricing del rischio di credito e tentare di sintetizzare le caratteristiche fondamentali di ognuno, rappresenta un lavoro non semplice oltre che faticoso, sia per la laboriosità in sé dell'oggetto d'analisi sia per la diversità delle prospettive di indagine di volta in volta usate per studiare il problema.

Nel tentativo di rendere la trattazione dei principali modelli più chiara, si suole ricorrere alla tradizionale classificazione in due famiglie di modelli: modelli Strutturali e modelli in Forma Ridotta.

In questa tesi è stato affrontato lo studio dei principali modelli Strutturali di valutazione del rischio di credito insito in una società emittente, il cui obiettivo è appunto la definizione di una formula di pricing del corporate debt nel rispetto del principio di assenza di opportunità di arbitraggio prive di rischio. Sono modelli che derivano le rispettive formule di pricing dai contributi *dell'option pricing theory* di Black & Scholes (1973) al fine di estendere le tecniche di valutazione delle opzioni al pricing del credito e dai principi del modello base di Merton di vedere il debito ed il capitale azionario come opzioni virtuali sul valore aziendale, nel quale il rischio di credito (inteso in termini di solo rischio di default) è determinato interamente dalla dinamica del valore degli assets dell'impresa. Un modello base, quello di Merton, dove la trattazione del problema concernente la misurazione del rischio del credito di un titolo rischioso viene condotta in termini abbastanza semplici in virtù delle ipotesi semplificatrici di cui si avvale (ad esempio: di struttura del capitale composta da un sola emissione di zero coupon, e quindi possibilità di default soltanto alla scadenza, di term structure dei tassi piatta e stabile, d'esistenza di mercati perfetti). Dunque, nonostante la sua semplicità teorica il modello di Merton soffre di svariati limiti che, lo allontanano dalle reali condizioni di un contesto aziendale e ne impediscono una sua applicazione concreta. Tuttavia non possiamo non riconoscere il grande merito di essere stato il primo studioso ad affrontare un problema di così grande importanza.

Per tal motivo, nel corso del tempo sono stati proposti diversi lavori e perfezionamenti del lavoro di Merton: si pensa al lavoro di Cox & Black nel quale è stato considerato una struttura del capitale con debito subordinato come gli effetti delle safety covenants; al lavoro di Longstaff & Schwartz, nel quale la valutazione del titolo rischioso tiene conto anche degli effetti del rischio tasso di interesse ipotizzando una term structure dei tassi stocastica, al contributo di Saà Requejo & Santa Clara dove una maggiore imprevedibilità dell'evento di default viene ricercata mediante l'inserimento di una barriera di default stocastica, al lavoro di Zhou, dove invece l'imprevedibilità dell'evento di default viene ottenuta adottando un processo stocastico misto per descrivere la dinamica del valore aziendale. Ad ogni modo i modelli strutturali per quanto siano apparsi sin da subito interessanti per aver tentato di spiegare la probabilità di insolvenza aziendale in funzione delle caratteristiche strutturali della società valutata, si presentano come modelli teorici dove i diversi limiti hanno reso impossibile una loro applicazione pratica.

I limiti di tali modelli sono, in genere, legati alla reperibilità delle informazioni inerenti all'azienda, alla numerosità dei dati necessari per conseguire stime affidabili dei parametri aziendali cui è legato il valore aziendale né facilmente ricavabili né direttamente osservabili, alla difficoltà e complessità delle procedure di risoluzione, soprattutto nel caso di strutture del capitale complesse, all'ipotesi teorica di efficienza dei mercati.

In quanto modelli appartenenti alla famiglia dei strutturali non tengono conto dei cambiamenti delle classi di rating che invece si manifestano molto frequentemente nel mondo delle industrie. È naturale che le società subiscono dei downgrading prima dell'evento default, e che lo studio di queste "migrazioni" potrebbe essere molto efficace nel ridurre l'incertezza connessa al rischio di credito. Infine, assumere che il valore dell'azienda varia nel continuo secondo un processo stocastico diffusivo continuo, ne riduce l'incertezza del default. Se conosciamo tutti i parametri della formula, il valore futuro dell'attivo può essere previsto in anticipo per cui, anche inserendo una barriera costante, il default non è una *sudden surprise*.

La numerosità di varianti proposte rispetto all'originale contributo di Merton testimonia peraltro le difficoltà di racchiudere in un modello semplificato le varie forme con le quali il fenomeno dell'insolvenza può manifestarsi.

Si tratta, infatti, di limiti che per la maggiore rimangono irrisolti dal momento che una migliore strutturazione del modello ed una migliore parametrizzazione delle variabili che le renda più aderenti alla realtà potrebbero essere ottenute solo a fronte di un eccessivo esborso di risorse e a discapito della stessa semplicità del modello.

Tali modelli si presentano, inoltre, così tanto complessi e dispendiosi per trovare pienamente posto negli strumenti pratici elaborati dai principali operatori del mercato. Sono peraltro modelli prettamente teorici, modelli che senza dubbio occupano un posto significativo in letteratura finanziaria che però faticano a trovare un'applicazione concreta al di fuori di un contesto accademico, se non altro per fornire spunti informativi alla creazione di modelli concreti e reali.

Fiorente è difatti l'attività di ricerca empirica su tali lavori finalizzata all'individuazione di risultati sempre più innovativi, nonostante la persistente e problematica mancanza di dati sui quali condurne le osservazioni.

È il caso di <u>CreditGrades,</u> un recente modello di valutazione del rischio di credito che basato sull'approccio strutturale, utilizza i dati provenienti dal mercato azionario, le informazioni derivanti dal bilancio di esercizio e le assunzione di base per i parametri standard, per calcolare valori consistenti di spreads per le diverse scadenze come stimarne la corrispondente term structure delle probabilità di insolvenza cumulata, oltre che annuale, della società valutata. È un modello strutturale nella misura in cui, allo stesso modo del modello base di Merton, ricerca nella dinamica del valore aziendale le determinanti della probabilità di default, è un modello basato sui valori di mercato del capitale azionario giacché sotto opportune assunzioni standard (relative alla formula di calcolo della volatilità dell'attivo, ai valori del tasso di recupero medio sul debito aziendale, della volatilità della barriera stocastica, della volatilità dell'equity) giunge a determinare la probabilità di default come il livello di credit spread rispetto al tasso Libor. Un modello in cui l'incertezza dell'evento default dipende dalla casualità della barriera di default, definita dal valore residuo aziendale semplicemente moltiplicando il valore del debito aziendale (per azione) per un tasso globale di recupero casuale.

Un modello, in sostanza, in grado di stabilire opportune formule di calcolo delle due variabili inosservabili sul mercato tuttavia rilevanti per l'analisi del rischio di default dell'azienda. Si tratta, inoltre di formule algebriche che legano, palesemente, il valore delle due incognite a parametri osservabili del mercato[2] (V e σ funzione di S, D, $\overline{L}, \sigma_S$).

La robustezza e la validità di tali formule di calcolo sono confermate dalle condizioni limite dove le approssimazioni suddette risultano precise ed eventuali imprecisioni per valori intermedi di S sono considerate di poca importanza.

Si ottiene una formula chiusa per il calcolo della probabilità di sopravvivenza (4.6*) funzione di sole variabili osservabili. Si tratta, infatti, di dati in input freschi, reali, e totalmente disponibili giorno

---

[2] Si vedano le formula 4.16 e 4.17* indicate nel capitolo 4.

dopo giorno. Una formula nella quale si tenta, di combinare le informazioni derivanti dai due mercati per una migliore gestione e misurazione del rischio di credito dell'emittente.

Una formula ben collaudata da verifiche su dati storici di società, indipendentemente dal settore di appartenenza e dalla classe di rating, come dire che la precisione e l'accuratezza del modello sono indipendenti dal tipo di industria e dalla classe di rating. Un'accuratezza dei valori confermata anche da tests di confronto con i migliori strumenti operativi di misurazione del rischio di credito disponibili in mercato.

Ad esempio, pur essendo KMV un modello di misurazione del rischio di credito basato anch'esso sui dati del mercato azionario, è per lo più uno strumento di gestione bancaria finalizzato alla stima della sola probabilità di default quale parametro del VaR (valore a rischio, ossia una stima della massima perdita potenziale che una attività o un portafoglio di attività può subire in un determinato orizzonte temporale con un certo livello di confidenza) utile nel processo di allocazione efficiente del capitale a rischio dell'istituzione finanziaria laddove permette di calcolarne la porzione di perdita attesa. Dunque se simili sono gli input diversi saranno gli output.

Diversamente la formula della probabilità di non default (4.6*) e quella del credit spread, potranno essere utilizzate per una varietà d'applicazioni quali:

✓ strumento di pricing dei titoli rischiosi

✓ strumento per la determinazione del prezzo equo del rischio di credito;

✓ strumento di arbitraggio nell'eventualità di anomalie tra il prezzo del credito e il prezzo dell'equity ;

✓ strumento di Risk Management degli strumenti finanziari del credito;

✓ strumento di Portfolio Management.

Tralasciando la parte analitica, non d'immediata comprensione per tutti coloro i quali non dispongono di una sufficiente conoscenza di tipo statistico-matematica, il modello si presenta, inoltre, come uno strumento di semplice utilizzo.

Uno strumento di valutazione a portata di tutti dal momento che l'informazione del livello di spread e della probabilità di default riguardanti la società valutata è offerta tempestivamente e gratuitamente inserendo solamente i valori degli input scelti di volta in volta a discrezione dell'utilizzatore.

Il modello, in sostanza, è in grado di soddisfare adeguatamente il bisogno di ottenere un giudizio sulla qualità del credito reattivo, opportuno e trasparente.

I livelli dei credit spreads, forniti giornalmente e direttamente dal sito web, permetteranno di monitorare eventuali cambiamenti intervenuti sulla qualità creditizia dell'emittente, di ottenere il prezzo di crediti eventualmente illiquidi, come di individuare le possibili opportunità emergenti dalle relazioni tra i due mercati, del credito e/o dell'equity. Diversamente dagli altri modelli, CreditGrades offre un nuovo ed immediato parametro di misurazione del rischio del credito e quindi delle obbligazioni societarie, il credit spread appunto[3]. Si tratta di uno strumento di valutazione considerevole per alimentare la trasparenza e liquidità del mercato del credito.

Tuttavia, il valore di un modello automatizzato come CreditGrades non risiede solamente nella sua capacità di predire in assoluto i livelli di credit spreads coerenti con quelli del mercato ma anche nella sua capacità di identificare società ove i legami tra il mercato del credito e il mercato dell'equity offrono spunti informativi diversi e/o

---

[3] Si veda il capitolo 1 relativamente le difficoltà che possono essere incontrate per la stima della term dei credit spread.

complementari rispetto a quelli della sola prospettiva del rischio di credito.

CreditGrades non è tuttavia un modello di pricing di un bond o di un default swap e per questo non incorpora informazioni del mercato obbligazionario, piuttosto è un modello che utilizza i dati del mercato azionario come le informazioni del bilancio di esercizio per calcolare direttamente spreads e probabilità di default della società studiata.

È un modello, però, che non può fornire indicazioni di rischio nella valutazione di società non inserite nel suo database e di società non quotate ove il prezzo dell'equity e la sua volatilità sarebbero, in questo caso, variabili inosservabili.

BIBLIOGRAFIA

ALTMAN E.I., BRADY B., RESTI A., SIRONI A., *The Link between Default and Recovery Rate Implications for Credit Risk Models and Procyclicality, July 2002.*

AMMAN M., *Credit Risk Valutation: Methods, Models and Application*, Berlin Springer 2001.

ACCORINTI F., CONTI G., PUCCI G., *Rischi finanziari*, Cedam, Padova 2000.

BANFI A., ONADO M., *I mercati dei titoli di debito privati*, Isedi 2002.

BENNINGA S., *Modelli finanziari*, McGraw-Hill, Milano 2001.

BIELECKI T. R., RUTKOWSKI M., *Credit Risk: Modelling, Valuation and Hedging*, Berlin Springer 2002.

BLACK F., COX J.C., *"Valuing Corporate Securities: Some Effects of Bond Indenture Provisions"*, The Journal of Finance, vol.31, N.2, May 1976.

BLACK F., SCHOLES M., *"The Pricing of Option and Corporate Liabilities"*, Journal of Political Economy, n. 81, pag.637-659, May-June 1973.

CANTINO V., *Valore D'impresa e Merito Creditizio, Il Rating*, Giuffrè Editore, Milano 2002.

CANTOR R., *The Evolving Meaning of Moody's Bond rating*, Moody's Investors Service, August 1999.

CHERUBINI U., DELLA LUNGA G., *Il Rischio finanziario*, McGraw-Hill, Milano 2001.

CIFARELLI D.M., *Introduzione al calcolo della probabilità*, McGraw-Hill.

COSSIN D., PIROTTE H., *Advanced Credit Risk Analysis*, John Wiley & Sons Ltd, June 2000, Hardcover.

Cox J. C., Ingersoll J.E., Ross S. A., *A theory of the Term Structure of Interest Rates*, Econometria, vol. 53, 1985.

Delianedis G., Geske R., *"The Components of Corporate Credit Spreads"*, The Anderson School of UCLA 2001.

De Vincentiis P., *Il Mercato Obbligazionario*, G. Giappichelli Editore, Torino.

Driessen J., *Is Default event Risk Priced in Corporate Bonds?*, University of Amsterdam, March 2002.

Edwin J. Elton, Martin J. Gruber, Deepak Agrawal, and Christopher Mann, *Explaining the Rate Spread on Corporate Bonds*, The Journal of Finance, Vol. LVI, n° 1, February 2001.

Elton E.J., Gruber M.J., Agrawal D., Mann C., *Explaining the Rate Spread on Corporate Bonds*, Discussion Paper, New York University 1999.

Elton E.J., Gruber M.J., Agrawal D., Mann C., *Factors Affecting The Valutation of Corporate Bonds*, Discussion Paper, New York 2000.

Ericsson J., Reneby J., *The Valutation of Corporate Liabilities*, December 2002.

Ericsson J., Reneby J., *A Framework for Valuing Corporate Securities*, October 1998.

F.J. Fabozzi, *Fixed Income Mathematics*, Probus, New York, 1993.

Fitch, *Rating definitions*, London, New York, 2000.

Giesecke K., *Credit Risk Modeling and Valuation: An Introduction*, Humboldt Universitat zu Berlin, August 2002.

Galletto G., *Analisi più puntuale sui corporate bonds*, Il Sole 24 Ore, 2 Novembre 2001.

Garman M., *A General Theory of Asset Valutation under Diffusion State Processes*,

Working Paper, n.50, University of California 1976.

GORDY M., *A Comparative Anatomy of Credit Risk Models,* Journal of Banking and Finance 2000.

HAMILTON D.T., CANTOR R., *Default & Recovery Rates of European Corporate Bond Issuers, 1985-2001,* Moody's Investors Service, July 2002.

HO T.S.Y., LEE S., *Term Structure Movements and Pricing Interest Rate Contingent Claims",* Journal of Finance, December 1986.

HAND J.R., HOLTHAUSEN R., LEFTWICH R., *The Effects of Bond Rating Agency Announcements on Bond and Stock Prices,* Journal of Finance, vol. 47, n. 2, June 1976.

JACKSON P., NICKELL P., PERRAUDIN P., *Credit Risk Modelling,* Regulatory Policy Division, Bank of England, June 1999.

KEEGAN A., FOWLIE K., *2002 Review & 2003 Outlook: European Credit Trends,* Moody's Investors Service, December 2002.

LONGSTAFF F.A., SCHWARTZ E., *A Simple Approach to Valuing Risky Fixed and Floating Rate Debt,* Journal of Finance , vol. 50:789-821, July 1995.

MADAN D., UNAL H., *Pricing the Risks of Default,* Working paper, College of Business, University of Maryland 1994.

MOODY'S, *Rating Metodologies,* New York, 1999.

MERTON R.C., *On the Pricing Of Corporate Debt: The Risk Structure of Interest Rates",* Journal of Finance, vol. 29:449-4710, May 1974.

METELLI F., *Il Rischio finanziario, Origine e strumenti derivati di Gestione: tassi di interesse, cambi, materie prime e titoli,* Il Sole 24 Ore, Milano 2001.

ONORATO M., MORO VISCONTI R., *La volatilità degli strumenti finanziari,* Etas Libri, Milano1997.

PIVATO S., *Il rating: la valutazione del debito e la stabilità dei mercati finanziari in*

Italia, Il Sole 24 Ore, Milano 1995.

ROLSKI T., SCHMIDT H E V, TEUGELS J., *Stochastic Processes for Insurance and Finance*, Wiley.

SAA' REQUEJO J., SANTA CLARA P., *Bond Pricing with Default Risk*, Working Paper, University of California, Los Angeles 1999.

SAIKAT NANDI, *Valuation Model for Default-Risky Securities: an Overview*, Federal Reserve Bank of Atlanta Economic 1998.

SAITA F., *Il risk management in banca*, Egea.

SANJIV R. DAS, *"Poisson-Gaussian Processes and the Bond Markets"*, National Bureau of Economic Research, Cambridge, July 1998.

SCHERVISH M.J., DEGROOT M.H., *Probability and Statistic*, A. Wesley, Hardcover, October 2001.

STANDARD & POOR'S, *Corporate ratings criteria*, New York, 2000.

VASICEK O., *An Equilibrium Characterization of the Term Structure*, Journal of Financial Economics vol. 5, 1997.

WILMOTT P., *Introduzione alla Finanza Quantitativa*, Egea 2003.

WILLIAM D., *Probability wth Martingales*, Cambridge University, Paperback, July 1991.

ZHOU C., *A Jump-Diffusion Approach to Modelling Credit Risk and Valuing Defaultable Securities*, Federal Reserve Board 1997.

INDICE SOMMARIO

Titolo	Pag.
Introduzione	I
Capitolo 1. *Il mercato obbligazionario*	1
Capitolo 2. *Un richiamo agli strumenti di analisi sottostanti i modelli di valutazione dei titoli del debito societario*	33
Capitolo 3. *I modelli strutturali di pricing dei corporate bonds*	67
Conclusioni	137
Bibliografia	145

ISBN 978-0-244-07489-0

www.ingramcontent.com/pod-product-compliance
Lightning Source LLC
Chambersburg PA
CBHW071433180526
45170CB00001B/318